KB078411

워렌 버핏

차례

Contents

머리말

'워렌 버핏'하면 '투자가'라는 단어가 떠오른다. 우리는 그가 좋은 기업의 주식을 매입해 장기 보유함으로써 세계 최고 부자가 됐다고 알고 있다.

그런데 이것만으로 워렌 버핏의 모든 것을 설명할 수 있을까?

실은 워렌 버핏은 버크셔 해더웨이라는 거대기업을 경영하는 최고경영자(CEO)이자 한 사람의 나약한 인간이다.

그가 경영을 맡고 있는 버크셔 해더웨이는 한국에서 가장 많은 매출액을 기록하고 있는 삼성전자보다 규모가 더 크다. 버크셔 해더웨이의 75개 자회사에서는 임직원 23만 2,000여 명이 일하고 있다. 워렌 버핏은 이런 거대기업의 실적을 해마다 개선시켜온 유능한 경영인이다.

워렌 버핏은 인간으로서의 한계와 나약한 면모도 갖고 있다. 그가 주식 없는 인생을 상상하지 못할 정도로 주식에 탐닉하는 천성을 가진 것은 성공을 이끈 강점이지만, 남편이자 가장으로서는 단점이었다. 워렌 버핏의 이런 단점은 그를 진심으로 이해하고 사랑한 부인에 의해 감추어지고 보호됐다.

워렌 버핏을 제대로 이해하려면 투자가, 경영자, 한계를 가진 인간으로서의 모습을 동시에 들여다보아야 한다. 그를 단순히 투자가로만 이해한다면 진면목을 보지 못하는 것이다.

워렌 버핏은 누구인가? 이 책은 이 질문에 답하기 위해 쓰였다.

나는 2007년 5월 버크셔 해더웨이 주주총회를 취재하고 워렌 버핏을 인터뷰했다. 이 과정에서 평소 그의 인생과 가치투자에 관해 궁금했던 것들을 질문했다. 워렌 버핏에게 "당신의 가치투자가 한국에서도 적용될 수 있다고 생각하느냐"고 물었고 그는 현인의 눈빛으로 "가치투자가 아니라면 무가치투자를 해야 하는가?"라고 반문했다. "한국에 돌아가 당신의 가치투자를 널리 알리겠다"고 내가 그에게 말하자, 그는 내 어깨를 다독거려 주었다.

그와의 약속대로 한국에 돌아와 『워렌 버핏처럼 재무제표 읽는 법』과 『워렌 버핏, 한국의 가치투자를 말하다』를 냈다. 그리고 이를 계기로 강의, 기고 등을 통해 가치투자를 알리는 일을 하고 있다. 이 과정에서 워렌 버핏에 관련된 이런저런 질문들을 받고, 그 질문에 답하기 위해 워렌 버핏을 더 연구했다. 그러다 보니 그가 어떤 사람인지를 더 잘 알 수 있었다.

특이하게도 그에게는 실패나 좌절의 경험이 없다. 물론 일시적인 주가 하락이나 손실은 있지만 워렌 버핏은 언제나 시장을 이겨 왔다. 유쾌하다. 그는 자신이 좋아하고 잘할 수 있는 일을 직업으로 연결시키는 지혜를 가진 인물이다.

이 작은 책이 워렌 버핏의 인생을 총체적으로 들여다보고 싶은 분들에게 도움이 되기를 소망한다.

세계 최고 부자가 되기까지

투자가 그리고 최고경영자, 워렌 버핏

5월의 햇살에 눈이 부셨다.

미국 성조기가 흰 바탕에 빨간 줄이 선명한 모습으로 펄럭이고 있었고, 도로에는 자동차들이 이따금씩 빠른 속도로 지나치고 있었다.

2007년 5월 4일 미국 중부 네브래스카 주의 주도(洲都) 오마하. 우리나라로 치면 삼척이나 동해쯤 되는 그런 조용하고 한적한 미국 소도시 오마하의 파르남 가(Farnam street) 36번지를 나는 서성이고 있었다. 도심이었지만 빌딩들이 드문드문 서 있었고 거리에는 사람들이 어쩌다 눈에 띌 뿐이었다.

나는 키위트 플라자(Kiewit Plaza)라는 빌딩을 둘러보고 있었다. 14층으로 된 크지 않은 은회색 빌딩이었다.

이 빌딩을 방문할 생각을 한 이유는 이 빌딩의 꼭대기 층에 있는 버크셔 해더웨이(Berkshire Hathaway Inc.) 본사 사무실을 방문할 수 있지 않을까 하는 기대감 때문이었다. 버크셔 해더웨이는 워렌 버핏이 회장으로 있는 회사이다.[1] 버크셔 해더웨이 주주총회에 앞서 워렌 버핏이 누구이고 그가 회장으로 있는 버크셔 해더웨이는 어떤 회사인지를 취재할 필요가 있었다.

앞서 나는 버크셔 해더웨이 측으로부터 주주총회 취재 허가를 받은 터였다. 당시 미국의 비즈니스 스쿨에 다니던 중에 운 좋게 얻은 소득이었다. 오래전부터 워렌 버핏이 누구인지, 그가 운영한다는 버크셔 해더웨이는 어떤 곳인지를 직접 눈으로 확인하고 싶었다(물론 당시만 해도 더 큰 행운이 이어질 줄은 몰랐다. 다음 날 워렌 버핏을 단독으로 인터뷰했고 그 다음날 공식 기자회견에서 다시 한 번 질의응답 시간을 가졌다). 그러다 보니 자연스럽게 버크셔 해더웨이 본사 사무실을 찾아 나선 것이었다.

키위트 플라자 빌딩 앞에 서자 신기함, 파격 같은 단어가 떠올랐다. 그곳에 들르기 전까지 버크셔 해더웨이 본사 사무실이 제법 규모가 클 것이라고 짐작했는데, 막상 앞에 섰을 때 믿기지 않을 정도로 소박했기 때문이다.

우선 키위트 플라자 빌딩 자체가 작았다. 이 빌딩은 14층으로 이루어져 있는데, 1개 층의 면적이 얼추 1,000제곱미터(약 300평)에 불과해 보였다(실제 1개 층의 면적은 929제곱미터였다). 게

키위트 플라자 빌딩.

다가 버크셔 해더웨이는 이 빌딩 전체가 아니라 꼭대기 층만을 쓰고 있었다.

입구의 회전문을 열고 들어가자 경비가 안내석에 앉아 있고, 그 뒤편에 빌딩 입주 회사 리스트가 나와 있었다. 14층에 '버크셔 해더웨이 본사 사무실(Berkshire Hathaway World Headquarter)'이 있다고 쓰여 있었다.

웬만한 중소기업도 제법 큼지막한 빌딩 전체를 쓰는데 세계적인 명성을 가진 기업의 본사 사무실이 이렇게 규모가 작을 수 있을까 하는 궁금증이 생겼다.

버크셔 해더웨이가 어떤 회사인가? 버크셔 해더웨이는 보험, 금융, 에너지, 가구, 제과, 미디어 등의 사업 부문에서 75개 자회사를 거느린 지주회사(holding company)이다. 지주회사란 자회사의 주식을 경영권 행사를 위해 보유하는 회사이며 배당이 주 수입원이다.

2007년 12월 현재 버크셔 해더웨이는 이들 75개 자회사를 통해 매출액 1,182억 달러(약 150조 원)를 달성했다. 한국의 매출액 1위 기업인 삼성전자의 63조 원(2007년 기준)보다 많은 매출액을 올린 것이다.

버크셔 해더웨이의 주요 실적과 지표.

	2007	2006	2005	2004	2003
매출액	118,245	98,539	81,663	74,382	63,859
당기순이익	13,213	11,015	8,528	7,308	8,151
주당순이익(EPS)	8,548	7,144	5,538	4,753	5,309

자료: 버크셔 해더웨이 사업보고서. 단위 100만 달러. 주당순이익은 달러.

버크셔 해더웨이는 금융 전문지 「포천」이 선정한 세계 500대 기업 중 장부가치가 네 번째로 높다. 임직원이 23만 2,000여명인데, 직원 수를 기준으로 하면 미국에서 25번째로 크다. 뉴욕증권거래소(NYSE)에 BRK-A라는 이름으로 거래되고 있으며 미국의 공개기업(public company) 가운데 S&P500지수에 포함되지 않는 가장 큰 기업이다.[2] 이 회사의 주가는 1억 원을 오르내리고 있다. 세계에서 가장 비싼 주식이다.

이 회사의 주주총회는 '자본가들의 우드스탁(Woodstock for Capitalists)'이라는 별명을 가지고 있으며 세계적으로 유명하다.

한마디로 무언가 웅장하고 규모가 커야 자연스러운 회사인 것이다.

버크셔 해더웨이의 자회사 75곳 가운데 주요 기업을 살펴보면 다음과 같다.

보험·금융 부문
가이코 자동차 보험(GEICO Auto Insurance), 내셔널 인뎀니티(National Indemnity Company), 미국 채무보험 그룹(United States Liability Insurance Group), 센트럴 스테이트 인뎀니티(Central States Indemnity Company), 제너럴 리(General Re), 어플라이드 언더라이터(Applied Underwriters), 웨스코 파이낸셜(Wesco Financial Corporation)
제조 및 기타 부문
가란(Garan Incorporated), 게이트웨이 언더라이터(Gateway Underwriters Agency),

네브래스카 퍼니처 마트(Nebraska Furniture Mart), 네트제트(NetJets), 데어리 퀸(International Dairy Queen Inc.), 라슨 줄(Larson-Juhl), 마몽 홀딩스(Marmon Holdings Inc.), 맥래인(McLane Company), 메디컬 프로텍티브(Medical Protective), 미드 아메리칸 에너지(MidAmerican Energy Holdings Company), 미드 아메리칸 에너지(MidAmerican Energy Holdings Company), 미텍(MiTek Inc.) 버크셔 해더웨이 홈스테이트(Berkshire Hathaway Homestates Companies), 버팔로 뉴스(Buffalo NEWS, Buffalo NY), 벤 브리지 보석(Ben Bridge Jeweler), 벤저민 무어(Benjamin Moore & Co.), 보르샤임 보석가게(Borsheims Fine Jewelry), 보트 유에스(Boat U.S.), 비즈니스 와이어(Business Wire), 쇼 인더스트리즈(Shaw Industries), 스코트 페처(Scott Fetzer Companies), 스타 퍼니처(Star Furniture), 시즈 캔디(See's Candies), 애크미 벽돌회사(Acme Brick Company), 이스카(Iscar Metalworking Companies), 저스틴 브랜즈(Justin Brands), 조던 가구점(Jordan's Furniture), 코트 비즈니스 서비스(CORT Business Services), 클레이튼 홈즈(Clayton Homes), 페치하이머 브러더스(Fechheimer Brothers Company), 펨퍼드 세프(The Pampered Chef), 포리스트 리버(Forest River), 프리시즌 철강(Precision Steel Warehouse, Inc.), 프루트 오브 더 룸(Fruit of the Loom), 플라이트 세이프티(FlightSafety), 헬츠버그 다이아몬드(Helzberg Diamonds), 홈서비스 오브 아메리카(HomeServices of America), CTB(CTB Inc.), H. H. 브라운 슈즈(H. H. Brown Shoe Group), RC Willey 가구(RC Willey Home Furnishings), TTI(TTI Inc.), XTRA(XTRA Corporation)

여기서 한 가지 궁금증이 생길 수 있다. '워렌 버핏' 하면 주식 투자가 떠오르는데 이 부분은 어디에 있을까.

2007년 12월 기준으로 버크셔 해더웨이가 매매 차익을 목적으로 보유하고 있는 주식은 다음과 같다.

			12/31/07	
Shares	*Company*	*Percentage of Company Owned*	*Cost**	*Market*
			(in millions)	
151,610,700	American Express Company	13.1	$ 1,287	$ 7,887
35,563,200	Anheuser-Busch Companies, Inc	4.8	1,718	1,861
60,828,818	Burlington Northern Santa Fe	17.5	4,731	5,063
200,000,000	The Coca-Cola Company	8.6	1,299	12,274
17,508,700	Conoco Phillips	1.1	1,039	1,546
64,271,948	Johnson & Johnson	2.2	3,943	4,287
124,393,800	Kraft Foods Inc	8.1	4,152	4,059
48,000,000	Moody's Corporation	19.1	499	1,714
3,486,006	POSCO	4.5	572	2,136
101,472,000	The Procter & Gamble Company	3.3	1,030	7,450
17,170,953	Sanofi-Aventis	1.3	1,466	1,575
227,307,000	Tesco plc	2.9	1,326	2,156
75,176,026	U.S. Bancorp	4.4	2,417	2,386
17,072,192	USG Corp	17.2	536	611
19,944,300	Wal-Mart Stores, Inc	0.5	942	948
1,727,765	The Washington Post Company	18.2	11	1,367
303,407,068	Wells Fargo & Company	9.2	6,677	9,160
1,724,200	White Mountains Insurance Group Ltd	16.3	369	886
	Others		5,238	7,633
	Total Common Stocks		$39,252	$74,999

그렇지만 보다시피 버크셔 해더웨이의 전체 사업 포트폴리오에서 주식 투자의 비중은 크지 않다. 2007년 버크셔 해더웨이가 투자 목적으로 보유하고 있는 주식의 가치는 749억 달러(약 97조 원)로 이 회사의 자산총계 2,731억 달러(약 355조 원)의 27퍼센트에 불과하다.

즉, 버크셔 해더웨이는 대략 30퍼센트의 보통주와 70퍼센트의 자회사로 구성된 지주회사이다. 버크셔 해더웨이를 이제 주식 투자를 하는 전문으로 하는 회사로 보기 어려운 이유가 여기에 있다. 2015년이면 버크셔 해더웨이의 보통주와 자회사의 비중이 10퍼센트 대 90퍼센트로 변화할 것으로 전망된다.

초기의 버크셔 해더웨이는 보통주의 비중이 압도적이었다. 워렌 버핏이 1960년대 중반 버크셔 해더웨이를 인수하던 시기에는 주식 투자에 치중해 수익을 냈기 때문이다. 그러다가 차츰 기업을 통째로 인수해 자회사로 편입시키는 방식으로 전환했고, 이것이 반복되면서 버크셔 해더웨이의 주식 투자 비중이 줄어들고 자회사 비중이 늘어났다.

결국 워렌 버핏은 초기에는 투자가였지만 이제는 자회사 경영을 책임지고 있는 최고경영자가 됐다. 그저 그런 기업이 아니라 세계 500대 기업 가운데서도 손꼽히는 거대기업을 운영하고 있는 것이다. 그는 자회사에서 나오는 수익을 어디에 사용할 것인가를 결정하는 자본할당가(capital allocator)이기도 하다.

퀘스트 센터를 방문하다

버크셔 해더웨이가 이런 거대기업이니까 당연히 본사 사무실도 커야 하지 않겠는가. 게다가 키위트 플라자에 도착하기 직전에 보고 들은 것도 이런 확신을 갖게 했다. 키위트 플라자 빌딩에 오기 전에 들른 곳은 버크셔 해더웨이 주주총회가 열리는 퀘스트 센터(Qwest Center)였다. 서울의 잠실 실내체육관과 비슷하게 생겼는데 키위트 플라자에서 자동차로 10여 분 거리에 있다.

퀘스트 센터에 들렀을 때 다음 날 개막하는 주주총회를 앞두고 준비가 한창이었다. 센터의 입구마다 "5월 5일 오전 7시에 문을 오픈합니다"라는 안내문이 붙어 있었다. 다음 날이면 서로 먼저 들어가기 위해 이 문 앞에 주주들이 새벽부터 장사진을 칠 터였다. 그 유명한 버크셔 해더웨이 주주총회 오픈 장면을 예고하고 있었다.

나는 취재 허가증을 목에 걸고 이 센터의 문을 열어젖혔다. 1층에는 메머드급 규모라고 할 만한 상품 전시장이 있었다. 주주총회 기간에 버크셔 해더웨이 자회사의 상품들을 전시하는 공간이었다.

각 부스마다에 갖가지 상품들이 수북이 쌓여 있었다. 세계 최대의 카펫 제조회사인 쇼 인더스트리즈(Shaw Industries)의 부스에는 붉은 색 카펫 제품들이 쌓여 있었고, 초콜릿 회사인 시즈 캔디(See's Candy) 부스에는 보기에도 먹음직스러운 캔디와

초콜릿이 있었다. 아이스크림 회사인 데어리 퀸(Dairy Queen)의 부스도 보였다. 작업복을 입은 미국인들이 상품 전시장 여기저기를 정리하고 있었다.

상품 전시장의 규모를 보니 얼추 축구장 두 개를 합쳐 놓은 것 같았다. 이렇게 광활한 공간에 상품들을 빼곡히 진열할 정도의 기업은 메머드급임에 틀림없을 것이라는 생각이 스쳐 지나갔다. 그러니 본사 사무실도 메머드급일 것이라는 생각을 했던 것이다.

하지만 예상과 달리 너무 소박한 버크셔 해더웨이 본사 사무실을 지켜보면서 나는 신기하다는 생각을 했다. 물론 14층의 버크셔 해더웨이 사무실을 방문하지는 못했다. 경비가 사전 허가를 받은 사람에 한해 출입을 허가한다고 밝혔기 때문이다. 버크셔 해더웨이 사무실은 극소수에게만 출입이 허용된다. 버크셔 해더웨이를 운영하는 경영진도 이 사무실에 들어가 본 적이 없는 경우가 태반이다. 워렌 버핏은 일주일에 단 몇 사람만 만나며 인터뷰도 거의 하지 않는다.

결국 키위트 플라자 주변을 들러 보는 것으로 그날의 취재를 끝냈다.

소박한 집무실

주주총회 행사장에서는 버크셔 해더웨이를 소개하는 영화가 상영됐는데, 이 영화에 버크셔 해더웨이 본사 사무실 내부

풍경이 나왔다(이 영화는 워렌 버핏의 딸 수지가 제작했다).

영화에 나오는 사무실 내부는 너무나 소박했다. 널찍한 복도를 중심으로 양쪽에 방이 마련돼 있고, 그중 한 개를 워렌 버핏이 자신의 집무실로 이용하고 있었다. 워렌 버핏이 자신의 방 의자에 앉아 책상에 다리를 뻗고 이런저런 책들을 뒤적이는 장면이 나왔다.

카메라는 워렌 버핏의 책상에 놓인「월스트리트저널」「오마하 해럴드」등의 신문을 보여 주었다. 곧이어 책상 옆의 서가를 비췄고, 서가에는 벤저민 그레이엄의『증권 분석』과『현명한 투자자』같은 책들이 꽂혀 있었다. 한쪽 벽면에는 워렌 버핏의 아버지인 고(故) 하워드 버핏의 초상화도 걸려 있었다.

사무실은 조용하고 단출한 시골 도서관의 분위기였다. 쉴 새 없이 전화가 걸려오고 이런저런 지시를 내리는 최고경영자 집무실의 모습은 찾아보기 어려웠다.

카메라는 이번에는 워렌 버핏이 책상에 다리를 뻗고 무언가를 골똘히 생각하는 표정을 짓고 있는 모습을 클로즈업했다. 워렌 버핏은 갑자기 무슨 생각이 났는지 팔을 뻗어 책상의 전화기를 집어 들었다. 그리고 손으로 코를 잡고 목소리를 변조하는 시늉을 지었다.

"거기, 버크셔 해더웨이죠? 워렌 버핏 씨와 통화하고 싶은데 좀 바꿔 주시겠습니까?"

목소리를 변조해 직원에게 장난 전화를 한 것이었다. 세계 최고의 투자가답지 않은 장난기 가득 찬 표정을 짓고 있었다.

카메라는 워렌 버핏이 사무실의 한편에 설치된 간이 농구대에서 직원들과 농구 게임을 하는 모습을 보여 주기도 했다. 워렌 버핏은 반바지에 가벼운 티셔츠 차림으로 직원들과 농구를 하면서 팀워크를 다졌다.

주주총회 기간에 워렌 버핏을 두 차례 직접 만나 인터뷰를 했다. 직접 만난 워렌 버핏은 검소하고 성실하다는 인상을 주었다. 그가 입은 양복은 잘해야 '페이리스(Pay Less)' 패션 같았고 구두는 허름했다. 내게 감사의 표시로 건네주는 제스처를 취한 지갑은 언뜻 보기에도 낡아 보였다. 또, 그는 솔직했고 상대를 배려하는 태도를 잃지 않았다. 그는 상대가 어떤 질문을 하더라도 최선을 다해 대답을 하는 자세를 보여 주었다.

버크셔 해더웨이 주주총회 현장

버크셔 해더웨이 주주총회 기간에 벌어진 여러 이벤트들을 취재했다.

빌 게이츠가 참석해 더욱 돋보인 보르샤임 전야제 파티에서 참석자(주주)들과 대화를 나눠 보았고 공연을 감상했다. 5시간 동안 이어진 주주와의 대화에서 워렌 버핏과 찰스 멍거 버크셔 해더웨이 부회장이 답변하는 모습을 지켜봤다. 또, 오마하에 있는 버크셔 해더웨이 자회사인 네브래스카 퍼니처 마트와 보르샤임 보석 가게를 들러 쇼핑을 했다.

공식적인 행사뿐만 아니라 워렌 버핏의 개인적인 일상에

관계되는 부분도 취재했다. 워렌 버핏의 단골 가게인 고라츠 레스토랑에서 단골 메뉴인 티본 스테이크를 주문해 봤고 워렌 버핏의 소박한 자택도 들러 봤다.

워렌 버핏은 세계 최고 부자이지만 검소했다. 으리으리한 저택이나 호화로운 사치품은 그의 관심사가 아니었다. 또, 거대기업의 최고경영자이지만 '경영자'하면 떠오르는 것과는 동떨어진 경영스타일을 갖고 있었다. 방문객을 주눅 들게 만드는 본사 건물, 천문학적인 스톡옵션이나 구호가 난무하는 경영 혁신, 권위적 리더십을 워렌 버핏은 멀리 했다.

그는 겉보기의 화려함보다는 내면의 만족을 중요한 가치로 여기는 인생을 보내고 있었다. 그에게는 삶의 여유, 유머와 관조의 미학이 넘쳐 났다.

그는 어떤 과정을 거쳐 이런 성취를 이뤘을까?

준비된 성공 투자

위인들의 성공 스토리를 읽어 보면 빠지지 않는 것이 시행착오와 실패와 그 극복에 관한 일화이다. 이들은 심지어 죽음의 문턱까지 이르는 고통과 좌절을 겪고 나서야 위대한 성취를 해낸다. "성공이 아름다운 것은 시련을 견뎌 냈기 때문"이라는 격언은 이런 배경에서 생기지 않았나 싶다.

이런 점에서 워렌 버핏의 인생은 여느 위인의 일대기와는 확실히 차이가 있다.

워렌 버핏에게는 실패나 좌절의 일화가 없기 때문이다. 그의 인생을 요약하면 '26세에 고향 오마하에서 투자에 나서 해마다 24퍼센트의 수익률을 거둔 끝에 세계 최고의 부자가 됐다'가 된다. 물론 일시적으로 마이너스 수익률이 나는 시기도 있었지만 장기적으로 보면 그는 언제나 시장을 이겨 왔다. 그의 인생은 승리의 기록이다. 그의 인생은 유쾌하고 즐거우며, 위기를 피해 가는 지혜와 통찰력으로 가득 차 있다.

그가 이런 특별한 성공을 이룬 비결은 완벽한 준비에 있다. 1956년 26세의 나이에 오마하로 귀향해 본격적인 투자를 시작했을 때 그는 '준비된 투자가'였다. 대충 준비된 정도가 아니라 투자에 관한 모든 준비가 완벽하게 이루어진 상태였다. 워렌 버핏의 성공 이야기는 '투자에 관한 한, 완벽에 가까운 투자 지식을 갖추고 시작한다면 실패 없는 성공이 가능하다'는 사실을 보여 준다.

워렌 버핏(Warren Edward Buffet)은 1930년 8월 30일 네브래스카 주 오마하에서 태어났다. 현재의 버크셔 해더웨이 사무실이 있는 곳에서 몇 블록 떨어져 있지 않은 산부인과 병원이었다. 아버지는 하워드 호먼 버핏(Howard Homan Buffet, 1903~1964), 어머니는 레일라 버핏(Leila Buffet, 1904~1996)이다. 워렌 버핏에게는 누나 도리스 버핏(Doris Buffet)이 있었고, 여동생 로버타 비아렉(Roberta Buffet Bialek)도 있었다.

버핏 가문을 거슬러 올라가면 프랑스의 모직물 직조공 존 버핏이 나온다. 존 버핏은 16세기 종교개혁가 칼뱅(Jean Calvin,

1509~1564)이 로마 가톨릭 교회에 맞서 만든 위그노 종파의 교도였다. 상당수 위그노 교도가 종교의 자유를 찾아 미국으로 건너왔는데, 존 버핏도 그중 하나였을 것으로 추정된다. 그는 17세기 초 미국 동부 뉴욕 주로 건너와 미국의 버핏 가문을 열었다.

후손인 시드니 호먼 버핏이 오마하로 삶의 터전을 옮기면서 오마하의 버핏 가문이 생겼다. 시드니 버핏은 오마하에서 버핏&선 그로서리(Bufffet&Son Grocery)라는 이름의 식료품 가게를 운영하다가 아들 어니스트 버핏에게 물려줬고, 어니스트 버핏은 워렌 버핏의 아버지인 하워드 버핏을 낳았다. 다시 말해 시드니 버핏은 워렌 버핏의 증조부이다.

워렌 버핏의 할아버지인 어니스트 버핏 시절까지만 해도 버핏 가문은 근근이 입에 풀칠하는 정도였다. 식료품 가게 주인이 큰돈을 벌 수는 없었다. 어니스트 버핏은 가게에서 일하는 점원이나 학생에게 쥐꼬리만 한 보수를 주면서 간신히 수지를 맞췄다.

워렌 버핏의 아버지 하워드 버핏이 그저 그런 버핏 가문을 오마하의 지역 유지로 일으켜 세웠다. 하워드 버핏은 식료품 가게 주인의 아들로 태어나 연방 하원의원으로 자수성가했다.

하워드 버핏은 네브래스카대를 졸업하고 주식 중개인으로 일하다 1931년 버핏 포크&컴퍼니를 설립해 주식과 투자에 관련된 사업을 했다. 그는 인플레이션 헤지를 원하던 고객들에게 다이아몬드를 팔았다. 이 사업을 통해 적지 않은 재산을 형

성한 것으로 보인다. 그가 1964년 암으로 임종할 때 56만 3,293달러의 재산을 남겼다. 향년 61세였다.

정치에 관심이 많아 1942년 공화당 연방 하원의원에 당선돼 1948년까지 6년간 의정활동을 했고 1950~1952년 2년 동안 다시 연방 하원의원을 지냈다. 그는 진지한 성격과 강직한 성품을 가진 인물이었다. 연간 세비가 1만 달러에서 1만 2,500달러로 인상되자 인상분 2,500달러를 미 재무성에 반납한 적도 있다. 하워드 버핏은 오마하에서 부와 권력을 가진 지역 유지로 인정받았다.

한편 그가 한국을 알고 있었다는 기록이 있다. 의원으로 활동하던 1950년에 한국전쟁이 벌어지면서 미 의회가 미군의 한국전 참전이 필요한가를 놓고 공방이 벌어졌을 때 그는 반대 입장을 분명히 했다. "한국전 참전이 필요하다고 할지라도 미국은 세계의 경찰 역할을 할 만한 군사력을 갖고 있지 못하고, 한국전에 참전하면 미국은 자유국가에서 탄압과 독재가 판치는 나라로 전락할 것"이라고 주장했다.

워렌 버핏이 태어난 1930년의 미국은 대공황으로 경제가 수렁에 빠져 있었다. 하워드 버핏도 대공황의 여파로 다니던 증권사에서 쫓겨나 어려운 시절을 보내고 있었다. 좌절과 분노감이 팽배한 미국인들은 1932년 대선에서 허버트 후버 대통령을 몰아내고 프랭클린 루스벨트 후보에게 몰표를 던졌다.

워렌 버핏이 초등학교에 진학할 무렵, 루스벨트 대통령의 뉴딜 정책으로 미국 경제는 서서히 회복기에 접어들고 하워드 버핏도 사업 기반을 다지면서 집안 형편이 나아졌다. 워렌 버핏은 아버지가 자수성가하는 모습을 지켜보며 자랐다.

워렌 버핏은 단점과 장점이 뚜렷한 아이였다. 그는 수줍음이 많고 사교성이 부족했다. 그러나 숫자와 비즈니스에 관한 한 특출한 재능을 갖고 있었다. 그는 숫자를 기억하고 계산하는 것에 관한 한 어느 누구도 따라잡기 어려울 정도로 발군의 능력을 보였다.

1940년대 중반 워렌 버핏과 함께 워싱턴의 우드로 윌슨 고등학교를 다니며 단짝으로 지낸 돈 댄리(Donald E. Danly, 1929~2002)는 워렌 버핏을 이렇게 회상한 적이 있다(당시 워렌 버핏은 아버지 하워드 버핏이 연방 하원의원이 당선되면서 워싱턴에서 고등학교를 다녔다).

"워렌은 너트에 볼트를 끼워 맞출 줄도 모를 정도로 기계에는 문외한이었다. 그런데 그는 두 자리 숫자 20개를 암산으로 더할 수 있는 재주를 갖고 있었다. 워렌이 고등학교를 졸업하기 전까지 읽은 경제서적만 100권이 넘을 것이다."

일찌감치 워렌 버핏의 성공을 확신한 돈 댄리는 1961년 버핏 투자조합에 2만 5,000달러를 투자했다. 그는 이 과정에서 얻은 버크셔 해더웨이 주식을 팔지 않았기 때문에 억만장자가 됐다. 돈 댄리는 40년이 넘도록 매일 아침 버크셔 해더웨이의 주가를 확인하는 것을 낙으로 삼았다.[3)]

워렌 버핏은 주식 중개인이었던 아버지의 어깨너머로 주식을 배웠다. 8세 때부터 아버지가 보고 있던 주식에 관련된 책들을 탐독했고 11세에는 석유 회사인 시티 서비스 주식을 매입하기도 했다.

13세가 되자 그는 가족들에게, 그리고 친구들에게 선언했다. "30세에 백만장자가 될 것이다. 그렇지 않으면 오마하의 가장 높은 빌딩에서 뛰어 내릴 것이다."

그는 정확히 1961년에 백만장자가 됐다. 생일을 기준으로 계산하는 미국식 나이로 정확히 30세의 일이었다.

워렌 버핏은 사업에도 관심이 많았다. 그가 고교 재학 시절 중고차 임대, 게임기 대여, 농지 임대 사업을 했다는 사실은 제법 알려져 있다.

워렌 버핏은 17세 때 돈 댄리와 함께 중고 핀볼 게임기 대여 사업을 했다. 두 십대 소년은 중고 핀볼 게임기를 구입해 깨끗이 수리해 위스콘신에 있는 어느 이발소에 설치했다. 이발을 하러 온 손님들이 기다리는 시간에 게임을 하도록 하자는 아이디어였다. 이발소 주인에게는 수익의 20퍼센트를 주기로 합의했다. 게임기를 설치한 다음 날 이 게임기는 10달러를 벌었다. 이 가운데 2달러를 이발소 주인에게 주었더니 두 젊은 사업가에게는 8달러의 현금이 생겼다. 1개월이면 208달러, 1년이면 2,496달러라는 계산이 나온다. 해마다 2,496달러를 벌어들이는 사업의 현재가치는 2만 4,960달러이다.[4]

중고 핀볼 게임기를 매입하는 데 들어간 돈은 35달러였다. 제법 남는 장사였던 것이다. 이발소에 핀볼 게임기를 설치하면 부대 수입이 짭짤하다는 소문이 퍼지면서 다른 이발소 가게 주인도 워렌 버핏과 돈 댄리에게 핀볼 게임기를 설치해 달라고 요청했다. 그러자 워렌 버핏은 “윌슨 사장과 상의해 보겠다”고 둘러댔다. 사실 윌슨 사장은 존재하지 않은 사장이었다. 게임기가 7대로 불었고 둘은 일주일에 50달러를 벌었다. 워렌 버핏은 이런 경험을 통해 비즈니스의 원리를 깨우친 것으로 보인다. 그는 “인생이 이렇게 멋진 것인 줄 미처 몰랐습니다”라고 말하기도 했다.

두 젊은 사업가는 고교를 졸업하던 해인 1947년 8월에 핀볼 게임기 사업을 어느 퇴역 군인에게 1,200달러에 양도했다. 대학 진학을 위해 사업을 접은 것이었다. 그해 워렌 버핏은 펜실베이니아대 와튼스쿨의 학부 과정에 진학했다. 이 무렵 그는 주식 투자와 비즈니스에 관해 전문가 수준에 이르렀다. 네브래스카대 링컨 비즈니스 스쿨을 졸업한 해인 1950년 컬럼비아대 비즈니스 스쿨에 진학했다. 그는 이곳에서 평생의 스승인 벤저민 그레이엄을 만난다.

워렌 버핏은 벤저민 그레이엄, 필립 피셔, 찰스 멍거를 존경할 만한 지적 스승으로 언급한다. 특히 벤저민 그레이엄에 대한 찬사는 언제나 최상급이다. 후일 자신의 첫아들의 중간 이름에 그레이엄을 넣을 정도였다. 첫아들의 이름은 ‘하워드 그레이엄 버핏’이다.

“인간이 가진 무수한 나침반 중에 벤저민 그레이엄이야말로 가장 정확하게 북쪽을 가리키는 나침반이다.”

워렌 버핏은 그레이엄의 강의에 푹 빠졌다. 천재가 열정을 갖고 집중한 과목의 성적이 나쁘게 나올 이유가 없었다. 그는 그레이엄 교수가 가르친 모든 과목에서 최고 성적인 A+를 받았다.

이듬해인 1951년 컬럼비아 비즈니스 스쿨을 졸업한 워렌 버핏은 그레이엄이 운영하는 투자회사 '그레이엄 뉴먼(Graham-Newman)'에 입사하기를 열망했다. 그는 심지어 그레이엄에게 무보수로 일하겠다고 자청했다. 돈에 관한 한 한 치의 양보가 없는 워렌 버핏이 무보수를 제의했으니 그가 얼마나 이 회사에서 일하고 싶어 했는지를 짐작할 수 있다.

그러나 그레이엄은 워렌 버핏의 제안을 거절했다. 그의 능력이 실제보다 과대평가됐다는 것이 이유였다. 그레이엄은 가치에 관한 문제를 진지하게 다루었다.[5)]

"벤저민 그레이엄은 대학 졸업 후 무보수로 일하겠다는 내 제의를 거절했다. 대신 그는 시어스와 로벅(미국의 대표적인 유통업체인 '시어스 로벅'의 설립자)을 거상으로 키워 낸 줄리어스 로젠왈드의 아들인 빌 로젠왈드에게 나를 추천했고, 나는 그 일가를 위해 일할 의사가 있는지를 타진하는 예비 서신까지 받았다. 그러나 당시 나는 군복무 문제로 오마하를 떠날 수 없었다. 벤저민이 정말로 나를 추천한 것인지, 아니면 성가시게 구는 나를 떼어 내려고 한 것인지는 앞으로 영원히 풀리지 않는 수수께끼로 남아 있을 것이다."

그로부터 3년이 지난 1954년 8월에야 그레이엄으로부터 '그레이엄 뉴먼'에서 일할 수 있다는 허락을 받았다. 워렌 버핏이 조르고 조르자 입사를 허락한 것이었다. 당시 워렌 버핏은 고향 오마하로 돌아가 아버지의 주식 중개회사인 '버핏 포크&컴퍼니'에서 증권 세일즈맨으로 3년째 일하고 있었다.

워렌 버핏에게는 이 시절이 만족스러웠던 것 같다. 무엇보다도 자신이 그렇게도 원하던 가치투자의 실제적 지식을 스승인 그레이엄으로부터 직접 배울 수 있었기 때문이었다. 그레이엄의 『증권 분석』을 읽고서 머리에 섬광과도 같은 느낌을 받았던 워렌 버핏이 직접 지은이로부터 실제 지식을 전수받는 것은 무엇과도 바꾸기 어려운 즐거움이었을 것이다.

연봉도 적은 편은 아니었다. 당시 연봉 1만 2,000달러는 이 일대 뉴욕의 교사 초봉인 연 5,000달러의 배 이상이었다. 워렌 버핏은 저녁에는 '스카스데일'이라는 직업학교에서 투자 관련 강의를 하면서 추가로 돈을 모을 수 있었다.

"나는 이 회사에서 그레이엄 뉴먼, 뉴먼 앤 그레이엄이라는 두 부서에서 각각 업무를 수행했는데, 그레이엄 뉴먼에서는 일반적인 투자 업무를 했고, 뉴먼 앤 그레이엄에서는 오늘날 우리가 헤지펀드로 부르는 업무를 했다. 국제증권 및 외환 시장에 투자해 단기 이익을 올리는 업무였다. 두 가지를 합친 운영자금의 규모가 1,200만 달러가량이었다."[6]

투자회사였던 '그레이엄 뉴먼'은 리스크가 적으면서 수익률이 20퍼센트 이상이면 투자에 나섰다. 장부가치가 저평가된 주식에 대한 투자, 차익거래(arbitrage)가 주된 투자 방법이었다. '그레이엄 뉴먼'은 어느 기업의 보통주의 주가가 순유동자산의 3분의 2이하로 거래되면 저평가된 것으로 보고 매입했다.

이 회사는 차익거래도 빈번하게 수행했다. 차익거래란 쉽게 말해 하나의 주식이 A시장에서는 110원, B시장에서는 100원에 거래되고 있다면 B시장에서 주식을 100원에 매입해 A시장에 내다 파는 것을 말한다. 수익률은 높지 않지만 리스크가 낮다는 장점이 있다.

워렌 버핏은 이 회사에 근무하면서 1926년부터 1956년 사이의 차익거래를 세밀히 연구를 하면서 이 투자 방식의 장점에 매료됐다. 그는 투자 초기에 차익거래를 빈번히 활용했다.

개인적으로도 워렌 버핏은 행복했다. 부인 수잔 버핏(Susan Buffet)과 함께 맨해튼의 월 65달러짜리 임대 아파트에서 신접살림을 하고 있었다. 두 사람 사이에는 수지, 하워드의 1남 1녀가 있었다. 큰딸 수지는 버핏 부부가 결혼한 지 1년이 지난 1953년에 태어났고, 이듬해인 1954년에 첫아들 하워드가 출생했다.

만족스러운 일과 직장, 존경하는 스승, 사랑하는 아내, 그리고 귀여운 자녀들. 워렌 버핏은 행복하지 않을 이유가 없었다. 워렌 버핏의 개인 저축액도 14만 달러를 넘었다.7)

그러나 이런 일상의 작은 성취에 행복해하는 젊은이가 훗날 세계 최고 부자가 되리라고 예상한 사람은 없었다.

독자적 인생

워렌 버핏의 행복한 월스트리트 생활은 1956년에 전환점을 맞았다. 그해 그레이엄이 고령을 이유로 30여 년간 운영해 온 '그레이엄 뉴먼'의 문을 닫고 주식 투자 현업에서 은퇴했던 것이다. 당시 62세였던 그레이엄은 만족스러운 여생을 보낼 수 있는 돈을 벌었던 터였다. 그는 은퇴와 함께 동부의 비버리 힐즈로 거주지를 훌쩍 옮겼다.

이제 워렌 버핏은 어떤 선택을 해야 했는가. 상식적이라면 그는 월스트리트에 그대로 남아 있어야 했다.

월스트리트가 어떤 곳인가. 뉴욕의 맨해튼을 걷다 보면 남부의 브로드웨이에서 사우스 스트리트까지에 이르는 지역이 나온다. 이곳을 걷다 보면 골드만삭스, JP모건, 씨티그룹 등 세계적 명성의 금융 회사의 본사가 위용을 자랑하며 들어서 있다. 또, 미 뉴욕증권거래소(NYSE), 나스닥, 증권거래위원회(SEC) 같은 증권 기관들이 다닥다닥 들어서 있다. 미국의 금융 중심지이자 세계의 금융 중심지가 바로 월스트리트이다.

세속의 성공을 꿈꾸는 미국의 능력 있고 야심만만한 젊은이는 그래서 월스트리트 입성을 꿈꾼다. 돈이 흐르고, 음모와 야망이 넘치고, 일확천금이 실현되는 꿈의 거리가 월스트리트이다. 지금도 세계의 야심 있는 젊은이들은 부나방처럼 월스트리트로 몰려들고 있다.

소도시나 지방의 야심 있는 젊은이들은 일단 뉴욕으로 '올라오면' 고령이 돼서야 고향으로 돌아가는 것이 일반적이었다. 뉴욕에 성공의 기회가 훨씬 많았기 때문이다. "말은 제주도로, 사람은 서울로"라는 한국 속담은 미국에서도 적용된다.

그런데 워렌 버핏은 월스트리트 생활을 접고 귀향했다. 일시적 이주가 아니라 삶의 기반을 아예 인구 10만여 명의 소도시 오마하로 옮긴 것이었다. 26세의 야심만만한 젊은이는 왜 고향으로 돌아왔을까?

"내가 네브래스카에 정착하기로 마음먹은 이유는 이곳이 무한한 가능성을 갖고 있기 때문이다. 예를 들어 네브래스카의 전문화한 기업 환경은 어떤 형태의 사업이건 진정한 의미에서 경제적 타당성을 보장해 준다. 또 이미 잘 알려진 대로 네브래스카의 특징인 맑은 공기와 낮은 범죄율, 좋은 학군, 그리고 중서부 지방 특유의 직업윤리 등 더할 나위 없이 완전한 조건을 갖추고 있기 때문이다."

워렌 버핏은 1996년 8월 오마하 지역 신문 「오마하 월드 헤럴드」와의 인터뷰에서 이렇게 말했다. 그러나 이것은 지역 신문과의 인터뷰에서 행한 의례적인 표현으로 보인다.

당시의 다른 발언을 찾아보면 그는 월스트리트 주식시장의 변덕과 광기에 염증을 느꼈던 것으로 보인다. 또 내면의 가치를 중시하고 내향적인 성격을 가진 그가 월스트리트의 말초적이고 표피적인 인간관계에 불편함도 느꼈던 것으로 보인다. 확실한 것은 워렌 버핏이 세속의 기준에 따라 행동하지 않았다는 사실이다.

귀향한 워렌 버핏은 투자자를 모았다. 1956년 5월 1일, 오마하에서 투자 파트너 회사인 '버핏 어소시에츠(Buffet Associates)'를 설립했다. 4명의 가족과 3명의 친구에게서 투자받은 10만

5,000달러에 워렌 버핏이 100달러를 보태 모두 10만 5,100달러의 종잣돈이 만들어졌다.[8] 역사상 전무후무한 전설의 투자 기록이 만들어지는 출발점이었다.

그는 투자자들에게 다음과 같은 운영 원칙을 공개했다.

- 적당한 가격의 주식을 찾아 기꺼이 투자한다.
- 미 재무부 채권(국채) 수익률인 6퍼센트를 넘어서는 수익률을 올리지 못하면 워렌 버핏은 단 1퍼센트의 수수료도 받지 않는다.
- 워렌 버핏이 받는 연간 수수료는 전체 수익률 중에서 미 재무부 채권 수익률인 6퍼센트를 제외한 수익의 25퍼센트이다.
- 투자자들은 워렌 버핏의 투자법에 대해 질문하지 않는다.
- 투자자들이 질문을 해 와도 워렌 버핏은 대답할 의무가 없다.
- 워렌 버핏은 1년에 한두 번만 새로운 종목에 투자한다.

버핏 어소시에츠의 투자 수익률은 기대 이상이었다. 1957년부터 1969년까지 13년간 버핏은 29.5퍼센트의 연평균 수익률을 기록했다. 이는 1만 달러가 13년이 지나 30만 달러로 불어난 것을 의미한다. 1,000만 원이 3억 원으로 불어난 셈이다.

"워렌 버핏에게 투자하면 돈을 불릴 수 있다"는 소문이 퍼지면서 오마하의 지역 유지들이 너도나도 돈을 맡기자 워렌 버핏은 버핏 어소시에츠 외에 '버핏 펀드', '언더우드' 등 7개의 파트너십을 동시에 운영하다가 1961년에 '버핏 투자조합'이라는 이름으로 통합했다.

버핏 투자조합과 다우지수 연수익률.

연도	다우지수 (퍼센트)	버핏 투자조합(A) (퍼센트)	버핏투자조합(B) (퍼센트)	초기 자금에서 늘어난 자금(달러)
1957	-8.4	10.4	9.3	115,920
1958	38.5	40.9	32.2	163,331
1959	20.0	25.9	20.9	205,634
1960	-6.2	22.8	18.6	252,519
1961	22.4	45.9	35.9	368,425
1962	-7.6	13.9	11.9	418,636
1963	20.6	38.7	30.5	582,035
1964	18.7	27.8	22.3	743,840
1965	14.2	47.2	36.9	1,094,933
1966	-15.6	20.4	16.8	1,318,300
1967	19.0	35.9	28.4	1,791,569
1968	7.7	58.8	45.6	2,845,012
1969	-11.6	6.8		3,038,472
평균	7.4	29.5	25.3	

*버핏 투자조합(B)의 수익률은 파트너들에게 연간 6퍼센트를 분배한 후 이익의 25퍼센트에 해당하는 제반 파트너 수수료를 공제하고 나서의 수익률.

주목해야 할 점은 초기 투자 수익률 29.5퍼센트는 일반 투자자와 똑같은 조건에서 얻어낸 수익률이라는 점이다. 투자조합을 결성한 시기인 1956년 1월의 다우지수는 511이었는데 이듬해인 1957년 1월의 다우지수는 474로 오히려 떨어졌다. 그해 10월 다우지수는 435까지 떨어지기도 했다. 1956~1969년의 미국의 주식시장은 일시적인 강세장이 있기는 했지만 전반적으로 좋았다고 말하기 어려운 기간이었다.

이렇게 장세가 그저 그랬던 이유는 당시의 미국의 정치·경제 상황이 불안했기 때문이었다. 1957년 10월 4일 당시 공산주의 종주국 소련은 세계 최초의 인공위성 스푸트니크호를 발사해 미국을 충격에 빠뜨렸다. 소련의 팽창주의가 진행되면서 미국에 공산주의가 전염되고 있다는 우려가 제기됐고 마녀사냥식 공산주의자 색출 작업이 벌어졌다.

1958년에는 미국경제에 불황이 엄습해 기업들이 잇따라 도산했고, 1959년에는 미국의 앞마당 쿠바에 카스트로 혁명 정권이 들어서 미국인들을 극도로 불안하게 했다.

그럼에도 워렌 버핏이 증시의 등락에 영향을 받지 않고 성과를 거둔 비결은 무엇일까? 그것은 기업의 내재가치를 보고 투자를 결정한 것에 있다.

워렌 버핏은 1960년대 초반 샌본(Sanborn) 지도 제작 회사가 투자조합 자산의 35퍼센트를 차지한다고 발표하면서 주식시장에서의 이 회사의 주가는 주당 45달러이지만 적정 주가는 주당 65달러라고 밝혔다. 샌본은 화재 보험, 도시 계획과 정비, 지리 연구 등에 필수적인 지리 정보를 제공하는 회사였다. 철도, 자동차처럼 당시 인기를 끄는 산업은 아니었지만 확실

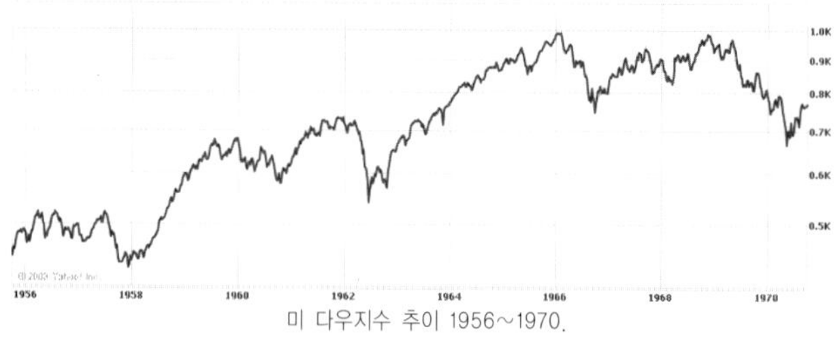

미 다우지수 추이 1956~1970.

한 내재가치를 갖고 있었다.

샌본 말고도 주식을 매입한 기업은 록우드 코코아(Rockwood Cocoa), 아카타(Arcata), 웨스턴 천연가스(Western Natural Gas), 뎀스터 밀(Dempster Mill), 블루칩 스탬프(Blue Chip Stamps), 호치스차일드(Hochschild)였다.

적지 않은 주식 투자자들은 "워렌 버핏은 돈이 많지만 나는 돈이 없다. 그러므로 워렌 버핏처럼 가치투자를 해서는 돈을 벌 수 없다"고 말한다. 심지어 어떤 이는 "일단 기술적 분석을 해서 돈을 벌고 나서 가치투자를 하겠다"고 말한다.

또 가치투자를 공격하는 어떤 사람들은 "워렌 버핏이 성공하는 이유는 돈이 많기 때문이다. 돈이 일단 많으면 돈이 돈을 벌기 때문에 가치투자가 아니더라도 돈은 불어날 수밖에 없다"고 말하고 있다.

그런데 워렌 버핏의 초기의 투자 성공 과정을 살펴보면 이들의 주장을 반박할 수 있음을 알 수 있다. 오히려 지금이 돈이 많다 보니 수익률을 높이기가 어렵다.

이것은 내가 직접 워렌 버핏에게 질문을 던져 얻은 답변이다. 2007년 주주총회에서 "대개의 주식 투자자들은 굴리는 돈이 많지 않습니다. 만약 굴리는 돈이 많지 않다면 어떻게 하겠습니까?"라는 질문을 던지자, 워렌 버핏은 다음처럼 답변했다.

"(내가 만약 굴리는 돈이 많지 않다면 공격적으로 투자를 해서) 지금보다 훨씬 높은 수익률을 올리고 있을 겁니다."

사실 이것은 수학적으로도 증명된다. 100달러를 1,000달러로 늘리는 것은 그리 어렵지 않다. 그러나 1만 달러를 10만 달러로 늘리는 것은 상당한 능력이 필요하다. 같은 비율이라 해도 액수가 클수록 난이도가 높아지기 때문이다. 이는 소액을 운용하는 개인 투자자가 오히려 투자 수익을 높이기에 유리하다는 것을 의미한다.

워렌 버핏은 돈이 많지 않았던 초기에도 가치투자를 했고 지금도 이 원칙이 바뀌지 않았다는 사실을 알 수 있다.

원칙은 투자의 이정표다. 원칙이 바뀌면 그것은 원칙이 아니다. 두 개의 상반되는 원칙을 갖고 있다면 어느 한가지의 원칙도 갖고 있지 않다는 말과 같다.

1961년 워렌 버핏은 드디어 백만장자가 됐다. 그의 나이 30세였다. 그는 빌딩에서 뛰어 내릴 필요가 없었다.

1969년 말 39세의 워렌 버핏이 투자조합을 해산했을 때 그의 재산은 2,500만 달러(약 250억 원)로 불어나 있었다. 평생 동안 부족함이 없는 부를 40세가 되기 전에 쌓았던 것이다. 월스트리트에서 오마하로 삶의 터전을 옮긴 지 13년만의 성취였다. 그러나 이 성취가 전설의 투자 인생의 서막에 불과하다는 사실은 워렌 버핏 자신도 깨닫지 못하고 있었다.

워렌 버핏의 재산 추이(괄호 안은 버핏의 나이).

연도	버핏의 재산($)
1957(27)	100
1961(31)	1,000,000
1962(32)	1,500,000
1963(33)	2,500,000
1964(34)	3,500,000
1965(35)	7,000,000
1966(36)	8,000,000
1967(37)	11,000,000
1968(38)	25,000,000

자료: 워렌 버핏이 파트너에게 발송한 편지.

버크셔 해더웨이 경영권을 확보하다

1960년대 말 워렌 버핏은 깊은 고민에 빠져 있었다.

주식시장이 약세장이어서가 아니었다. 투자자가 돈을 맡기지 않아서도 아니었다. 오히려 정반대였다.

이 시기에 미국의 주식시장은 유례없는 강세장을 경험하고 있었다. 1966년 7월 다우지수는 역사상 처음으로 1,000을 돌파했다. 다우지수는 그해 10월 780까지 떨어졌으나 반전에 성공해 1969년에는 다시 1,000에 육박하고 있었다.

주식시장이 강세장에 접어들면 너도나도 주식 투자에 나서는 현상은 그때나 지금이나 다르지 않다. 미국인들은 앞다투어 직접 주식을 매입하거나, 투자 전문가를 찾아 돈을 맡겼다. 워렌 버핏이 투자자들에게 고수익을 안겨 준다는 소문이 퍼져 있었기에 오마하의 유지들은 돈을 싸 들고 그에게 몰려왔다.

그런데 정작 워렌 버핏은 주식 투자에 나설 엄두가 나지 않았다. 주식을 분석해 보니 대부분 내재가치를 넘는 가격(주가)에 거래되고 있었기 때문이었다. 내재가치보다 비싸게 거래되는 주식을 매입했을 경우의 위험성을 누구보다 잘 알고 있었던 그는 투자자들에게 반복적으로 당시의 증시 상황을 우려하는 의견을 피력했다.

"나는 경기나 주식시장을 예측하려고 노력하지는 않습니다. 그렇지만 현재 주식시장과 비즈니스 세계에서는 거래가 급증하고 있습니다. 단기간의 가치도 예상할 수 없는 게 증시인 만

큼 장기간이 지나면 결과가 어떻게 될지 정말 우려됩니다.”(1968년, 워렌 버핏, ‘주주에게 보내는 편지’)

“저는 지금 같은 시장 분위기에 적응하지 못하겠습니다. 시장 분위기를 이해할 수 없기 때문에 영웅으로 살아남을 수 없는 게임을 하면서 제가 지금까지 세운 괜찮은 기록을 망치고 싶지 않습니다.”(1969년, 워렌 버핏, ‘주주에게 보내는 편지’)

정말 그랬다. 전형적인 버블의 징후가 곳곳에서 모습을 드러내고 있었다. 신문들은 새로운 시대가 왔고 주가가 지속적으로 상승할 것이라는 기사를 내보냈다. 재무 설계사들은 향후 지속적으로 주가가 상승할 것이라며 은퇴 자금을 마련하기 위해서는 어떤 종목에 투자해야 하는지를 알려 주는 책자를 배포했다. 폭락장이 다가오고 있음을 알리는 전형적인 징후였다. 역사는 되풀이되는 법이다.

종목별 주가 추이도 우려할 만한 수준이었다. 호재가 있는 주식은 향후 성장성이 기대된다는 이유로 엄청난 프리미엄이 붙어 거래되고 있었다. 1972년 IBM, 필립모리스, 코카콜라, 제너럴일렉트릭(GE), 존슨&존슨, 맥도널드, 월트디즈니, 제록스 등 이른바 ‘니프티 피프티’의 평균 주가수익비율(PER, Price Earnings Ratios)이 41배였다. 니프티 피프티란 1970년대 초반 최고의 성장성을 인정받던 50개 종목을 말한다. 반면 다른 종목은 시장에서 소외되면서 주가가 오히려 하락했다.

강세장에서는 주식 초보자들이 손쉽게 수익을 내고, 내재가치에 기반을 둔 주식 투자자들은 수익률이 저조해지는 현상도 그때나 지금이나 마찬가지였다.

워렌 버핏은 이런 상황을 우려하며 현금 보유 비중을 크게 늘렸는데, 투자자 일부는 이 같은 투자 방식에 불만을 드러냈다. 주식이 오르고 있는데 왜 주식 투자 비중을 줄이느냐는 것이었다.

워렌 버핏은 결단을 내렸다. 1969년 투자조합을 해산했던 것이다. 투자 방식을 일임하기로 한 조항 때문에 신속히 조합을 정리할 수 있었다. 투자자들이 현금으로 반환을 원할 경우 현금으로 돌려주었다. 돈을 다른 곳에 투자하고 싶은 투자자들에게는 "버크셔 해더웨이 주식을 사든가, 빌 루엔(William J. Ruane, 1925~2005)에게 돈을 맡기라"고 했다.[9)]

버크셔 해더웨이 이야기가 나왔다.

당시 워렌 버핏은 버크셔 해더웨이의 지분 70퍼센트 이상을 가진 지배 주주였다. 1962년 이 회사의 주식을 처음 매입했고, 1965년 5월에는 주식을 추가 매입해 경영권을 장악했다. 버핏 투자조합이 버크셔 해더웨이 주식의 49퍼센트인 50만 975주를 확보한 것이다. 1968년 4월에는 지분을 70퍼센트로 늘렸다. 지금의 버크셔 해더웨이는 이런 과정을 거쳐 워렌 버핏과 인연을 맺었다.

버크셔 해더웨이는 1955년 버크셔(Berkshire)와 해서웨이(Hathaway)라는 섬유 방적 회사가 합병해 탄생한 섬유 제조 기업이었다. 두 회사는 섬유 산업이 사양 산업으로 수익을 내지 못하자 살아남기 위한 방편으로 합병한 것이다.

1962년 워렌 버핏이 처음 버크셔 해더웨이 주식을 주당 7달러에 처음 매수했을 때, 이 회사는 7개의 공장에서 6,000명의 인원이 연간 약 2억 8,000만 미터의 직물을 생산하면서 6,000만 달러가량의 매출을 기록했다. 수익은 형편없었지만 워렌 버핏은 이 회사가 자산가치의 관점에서 투자가치가 높다고 봤다.

1964년 말 버크셔 해더웨이의 재무 현황은 다음과 같았다.

자산 총계	2,788만 7,000달러
순자산	2,200만 달러
주당순이익(EPS)	15센트
발행 주식 수	113만 7,778주

워렌 버핏은 이 회사를 경영혁신을 통해 수익성을 개선할 수 있다고 믿었다. 그래서 투자자들에게 이 회사의 주식을 매입하라고 권유한 것이었다.

인수 초기 버크셔 해더웨이를 경영을 개선하기 위해 노력했으나 신통치 않았다. 워렌 버핏은 다른 방식으로 이 회사를 발전시키는 방법을 모색했다.

1967년 2월 23일 그는 버크셔 해더웨이를 통해 오마하 소재 보험회사인 '내셔널 인뎀니티'를 860만 달러에 사들였다. 버크셔 해더웨이의 현금성 자산을 통해 우량기업을 매입해 자회사로 만들면 버크셔 해더웨이의 기업가치가 높아질 수 있다고 본 것이다.

보험사의 가장 큰 장점은 현금이 풍부하다는 점이다. 보험사는 고객들로부터 정기적으로 보험료를 거둬들였다가 미래의 어느 시점에 고객이 지급요청을 할 때에만 돈을 지불한다. 고객으로부터 보험료를 징수하는 시점과 지급하는 시점이 차이가 생기다 보니 유동자금(float)이 생기는데, 당시 보험사들은 이 현금을 국채나 채권에 투자해 수익률이 저조했다.

워렌 버핏은 내셔널 인뎀니티의 지급 준비금으로 우량기업이 주식을 사들이는 일에 나섰다. 1969년에 버크셔 해더웨이는 '일리노이 내셔널 뱅크 앤 트러스트'의 지분 97퍼센트를 매수했고, 비슷한 시기에 '선(Sun) 신문사'와 '블래커 프린팅 컴퍼니'를 인수하면서 출판 사업에 진출했다. 선 신문사는 오마하에서 5개의 주간 신문을 발행하고 있었고 발행부수가 5만 부였다. 버크셔 해더웨이가 우량기업을 매입하거나 주식 일부를 매입함으로써 스스로의 기업 가치를 높여가는 지금의 방식은 이 시기에 모습을 갖추기 시작했다.

역사는 되풀이되는 법이다.

끝없이 오를 것만 같던 미국의 주식시장은 허무하게 붕괴했다. 1973년 1월 950이던 다우지수는 대폭락을 시작해 이듬해인 1974년 12월에는 577로 반 토막이 났다. 닉슨 대통령을 물러나게 한 워터게이트 사건, 오일쇼크에 따른 인플레이션, 베트남전 반전 시위, 무역적자 같은 악재들이 쏟아져 나왔다. 다우지수가 1,000을 회복한 것은 그로부터 2년가량이 지난 1976년 5월의 일이었다.

강세장의 시기에 너도나도 주식 투자에 나섰던 미국인들은 공포에 질려 발을 빼기에 바빴다. 그러나 늦었다. 이들 대다수는 1973~1974년의 주가 폭락으로 회복이 불가능할 정도의 손실을 입었다. 시장에서 이미 빠져나와 있던 워렌 버핏은 이런 모습을 조용히 관망했다.

"지금은 투자에 나서야 할 때"

1974년 11월의 어느 날, 워렌 버핏은 미 금융 전문지 「포브스」 기자와 인터뷰를 하고 있었다. 인터뷰 주제는 주식시장의 장세 진단과 향후 전망이었다. 당시 워렌 버핏은 미국의 신문 지면에 '오마하에서 놀라운 수익률을 거둔 40대 투자자'로 이따금씩 실리고 있었다. 당시 그는 44세였다. 주식시장이 침체에서 좀체 벗어나지 않자 이른바 '투자 고수'를 불러 향후 장세 전망을 물어 본 것이었다. 지금이나 당시나 그다지 다르지 않은 미디어의 모습이다.

「포브스」 기자는 워렌 버핏을 소개하면서 '오마하의 전설(Saga of Omaha)'이라는 표현을 썼는데, 지금의 '오마하의 현인(Oracle of Omaha)'보다는 격이 낮았다. 그때까지 그는 미국 전역에 이름이 퍼진 유명 인사는 아니었다.

포브스 기자가 던진 첫 번째 질문은 "현재의 주식시장을 어떻게 생각하십니까?"였다. 그러자 워렌 버핏은 기다렸다는 듯이 대답했다.

"성욕에 가득찬 남자가 사창가(whorehouse)에 있는 기분입니다."

이어 버핏은 "지금은 주식 투자를 시작할 때"라며 주식을 매입하겠다는 의지를 보였다.

포브스는 황급히 '사창가'를 '하렘(harem)'으로 수정했다. "성욕에 가득 찬 남자가 하렘에 있는 기분"이라는 표현은 알고 보면 포브스와 워렌 버핏의 합작품이었다.

버핏의 포브스와의 인터뷰를 더 살펴보자. 「포브스」 기자는 인터뷰에서 워렌 버핏을 이렇게 묘사했다.

"그(버핏)는 말을 많이 하지 않았지만, 일단 그가 말을 하면 경청할 가치가 있었다. 그의 타이밍 감각은 놀랄 만하다. 5년 전인 1969년 그는 당시 39세의 나이에 투자 파트너십을 청산하고 투자자들에게 돈을 돌려주었다. 그전까지 그는 증시가 나쁘거나 좋거나 시장 평균을 앞섰다. 1957년부터 1969년까지 그는 약 30퍼센트의 수익률을 기록했다. 이는 1만 달러 투자 자금이 30만 달러로 늘었음을 의미한다.

그런 그가 주식 투자를 그만둔 이유는 주가가 너무 올랐기 때문이다. 모든 똑똑한 MBA(경영학석사)들이 앞다투어 투자 비즈니스에 나서고 있을 때 그는 조용히 빠져나왔다.

그는 1928년에 주식을 모두 팔아 치우고 1933년까지 낚시를 하러 다녔던 전설 속의 투자자와 닮았다. 그런 사람은 실제로는 존재하지 않을 것이다. 그러나 버핏은 1969년부터 1974년까지 (실제로) 낚시를 하러 다녔다. 만약 그가 이 기간에 주식시장에 머물러 있었다면 그의 결과가 좋지 않았을 것이다."

이 인터뷰에는 워렌 버핏이 스스로 밝히는 자신의 투자 철

학도 나온다.

"나는 투자를 이 세상에서 가장 위대한 비즈니스라고 부른다. 당신이 (주식시장이라는) 야구장의 스탠드에 들어서면 투수는 당신에게 제너럴 모터스(GM)를 47달러에, US스틸을 39달러에 던진다. 아무도 당신에게 스트라이크를 치라고 요구하지 않는다. 투자에서는 기회를 놓치더라도 패널티가 없다. 하루 종일 당신은 마음이 드는 공이 오기를 기다릴 수 있으며 그러다가 필더가 졸면 당신은 타석에 달려가 공을 치면 된다.

그러나 증권기관에 있는 프로는 불쌍하다. 그들은 달성하기 불가능한 목표를 달성하느라 희생되는 사람들이다. 마치 베이브 루스가 50만 명의 관중이 보는 앞에서 서 있고 야구단 오너가 '헛스윙만 나와 봐라. 이 바보야'라고 외치는 상황과 마찬가지다. 그들은 공이 날아왔을 때 싫건 좋건 방망이를 휘둘러야 한다."

실제로 워렌 버핏은 시장 참여자들이 공포에 빠져 있던 이 시기에 주식 매입에 나섰다. 그가 매입한 주식은 블루칩 스탬프, 오마하 선, 가이코 등이었다. 이미 백만장자였던 워렌 버핏은 주식을 충분히 매입할 수 있었다. 1976년 그는 가이코 주식의 3분의 1을 매입했다.

다음은 워렌 버핏의 주식 매입에 한창이던 1977년의 투자 포트폴리오이다. 그의 나이 47세의 일이었다.

워렌 버핏의 1977년 투자 포트폴리오(단위 1,000달러).

주식수(주)	회사명	지불가격	시장가격
220,000	캐피털 시티즈	10,909	13,228
1,986,953	가이코 우선주	19,417	33,033
1,294,308	가이코 보통주	4,116	10,516
592,650	인터퍼블릭 그룹	4,531	17,187
324,580	카이저 알루미늄&케미컬	11,218	9,981
1,305,800	카이저 인더스트리즈	778	6,039
226,900	나이트 리더	7,534	8,736
170,800	오길비	2,762	6,960
934,300	워싱턴 포스트	10,628	33,401
	기타	34,996	41,992
	총계	106,889	181,073

워렌 버핏은 1974년부터 주식 매입에 나섰는데, 그렇다면 실제 수익은 언제 거두었을까? 다음은 이 기간의 버크셔 해더웨이의 투자 수익률과 주가 추이다.

버크셔 해더웨이의 주가 추이.

연도	버크셔 주가	버크셔 주가상승률	S&P500 상승률	차이
1973	71	-11.3	-14.8	3.5
1974	40	-43.7	-26.4	-17.3
1975	38	-5.0	37.2	-42.2
1976	94	147.3	23.6	123.7
1977	138	46.8	-7.4	54.2
1978	157	13.8	6.4	7.4
1979	320	102.5	18.2	84.3
1980	425	32.8	32.3	0.5
1981	560	31.8	-5.0	36.8

*버크셔 해더웨이 주가는 12월 기준.

워렌 버핏이 주식 매입에 나선 1974년 연말의 버크셔 해더웨이의 주가는 40달러로 전년 동기의 71달러에 비해 절반 가까이 폭락했다. 쉽게 말해 워렌 버핏이 바닥을 맞추지는 못했던 것이다. 버크셔 해더웨이 주가 하락률 43.7퍼센트는 S&P500지수 하락률 26.4퍼센트보다 더 나빴다.

다음 해도 여전히 실망스러웠다. 1975년 연말의 버크셔 해더웨이 주가는 38달러로 전년 동기보다 더 떨어졌다. S&P500지수가 그해에 37.2퍼센트 상승한 것을 감안하면 매우 실망스러운 기록이다.

버핏이 실적을 만회한 것은 주식 매입에 나선 지 2년이 지난 1976년부터였다. 그해에 147.3퍼센트의 수익률을 기록해 S&P500지수 23.6퍼센트를 압도했다. 주가도 전년의 38달러에서 94달러로 두 배 이상 폭등했다. 1977년에 버크셔 해더웨이 연말 주가는 138달러로 처음으로 세 자릿수를 기록했다. 그해에 S&P500지수가 7.4퍼센트 하락한 점을 감안하면 더욱 빛나는 실적이다.

이렇게 된 것은 미국의 주식시장이 1970년대 말에야 회복

미 다우지수 정체기(1964~1981).

됐기 때문이다. 미국 주식시장은 1982년에야 본격적인 강세장으로 진입했다. 1964년 12월 31일에 874.12였던 다우지수가 1981년 12월 31일에 874.12였으니 17년 동안 주식시장은 지루한 약세장을 이어갔던 것이다. 이른바 박스권 장세였다.

이렇게 미 증시가 오르지 않은 것은 미국의 금리가 지속적으로 상승한 것과도 관련이 있다. 1981년 미 금리는 20퍼센트 수준으로 사상 최고를 기록했다. 오일쇼크로 인한 인플레이션을 해결하기 위해 폴 볼커 당시 미 연방준비제도이사회(FRB) 의장이 고금리 정책을 유도했기 때문이었다.

카리스마 넘치는 인물인 폴 볼커는 1979년 취임하자마자 금리를 2.5배 올렸다. 2.5퍼센트가 아니라 2.5배였다. 금리는 그로부터 3년 동안 최고 21퍼센트까지 치솟으면서 미국 경제를 요동치게 만들었다.

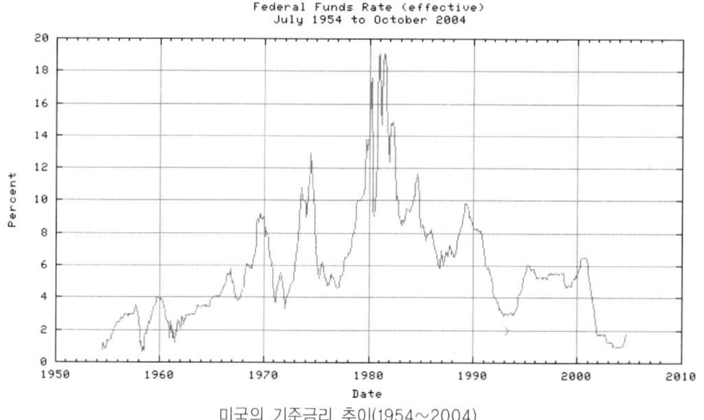

미국의 기준금리 추이(1954~2004).

결국 워렌 버핏은 주식 투자에 대한 수익을 2년 뒤인 1976년부터 거두었음을 알 수 있다. 만약 워렌 버핏이 일시적으로 저조한 실적에 좌절했다면 당시 "지금은 투자에 나서야 할 때"라는 말은 잊혀졌을 것이다. 시간은 현명한 투자자에게는 친구이다. 1973년부터 1981년까지의 8년 동안 버크셔 해더웨이가 S&P500지수보다 수익률에서 뒤진 해는 1974, 1975, 1976년의 세 해였다. 나머지 여섯 해에 버크셔 해더웨이는 S&P500지수를 가볍게 추월했다. 워렌 버핏이 시장을 이긴 것이다.

세계 최고 부자가 되다

1993년은 워렌 버핏에게 영광의 해였다. 그해 「포브스」가 처음으로 워렌 버핏을 세계 최고 부자로 선정했기 때문이다. 「포브스」는 그의 재산이 83억 달러(약 10조 원)라고 발표했다.

1956년 26세에 투자에 나선 이래 37년만의 성취였다. 2위는 마이크로소프트(MS)의 빌 게이츠 회장으로 재산이 63억 달러였다. 워렌 버핏은 1년 뒤인 1994년부터 세계 부자 2위를 유지하다가 14년 뒤인 2008년에 1위로 다시 올라섰다. 2008년 3월 「포브스」는 그의 재산이 620억 달러(약 80조 원)로 2위인 멕시코의 통신재벌 카를로스 슬림의 600억 달러보다 많다고 발표했다. 3위는 빌 게이츠로 재산이 580억 달러였다.

1993년 당시 워렌 버핏은 이미 미국 전역에 이름이 알려진 유명 인사였다. 1989년 워렌 버핏이 「포브스」에 의해 세계 부자 2위로 선정된 것이 계기였다. 1988년만 해도 세계 부자 9위였다가 7계단이나 껑충 뛰어 세계 부자 2위로 선정됐다. 이는 버크셔 해더웨이의 주가(연말 기준)가 8,675달러로 전년 동기의 4,700달러 보다 두 배 가까이 치솟은 데 기인했다. 1989년 「포브스」는 워렌 버핏의 재산이 42억 달러로 전년도의 22억 달러보다 두 배 늘었다고 발표했다.

버크셔 해더웨이 주가 추이.

연도	버크셔 연말 주가	버크셔 주가 상승률	S&P500 상승률	차이
1982	776	38.4	21.4	17.0
1983	1,310	69.0	22.4	46.6
1984	1,275	-2.7	6.1	-8.8
1985	2,470	93.7	31.6	62.1
1986	2,820	14.2	18.6	-4.4
1987	2,950	4.6	5.1	-0.5
1988	4,700	59.3	16.6	42.7
1989	8,675	84.6	31.7	52.9
1990	6,675	-23.1	-3.1	-20.0
1991	9,050	35.6	30.5	5.1
1992	11,750	29.8	7.6	22.2
1993	16,325	88.9	10.1	28.8
1994	20,400	25.0	1.3	23.7
1995	32,100	57.4	37.6	19.8
1996	34,100	6.2	23.0	-16.8
1997	46,000	34.9	33.4	1.5
1998	70,000	52.2	28.6	23.6
1999	56,100	-19.9	21.0	-40.9
2000	71,000	26.6	-9.1	35.7
2001	75,600	6.5	-11.9	18.4
2002	72,750	-3.8	-22.1	18.3
2003	75,300	3.5	11.9	-8.4
2004	86,950	15.5	10.9	4.6
2005	83,500	-4.0	4.9	-8.9
2006	96,000	15.0	15.8	-0.8
2007	119,850	24.8	5.5	19.3

워렌 버핏이 세계 최고 부자로 선정되면서 미국인들은 주식 투자로 세계 부자의 반열에 오른 이 투자가를 본격적으로 주목했다. 그가 말하는 가치투자, 복리의 마력, 미스터 마켓(Mr. Market) 등을 연구하기 시작했다. 신문·방송은 그에게 오마하의 현인(Oracle of Omaha)이라는 수식어를 헌사했다.

그가 세계 최고 부자로 올라설 수 있었던 것은 버크셔 해더웨이의 주가 상승률이 지속적으로 S&P500지수의 상승률을 추월했기 때문이다.

1982~2007년의 26년 동안 버크셔 해더웨이 주가 상승률이 S&P500지수의 상승률에 미치지 못한 것은 9차례였다.[10) 나머지 17차례에 걸쳐 버크셔 해더웨이는 시장을 앞질렀다.

17세기 네덜란드 암스테르담에서 세계 최초로 주식시장이 탄생한 이래 숱하게 많은 투자가들이 명멸해 갔고, 일부는 믿기지 않을 정도로 높은 수익률을 거두기도 했지만, 워렌 버핏만큼 이렇게 장기간에 걸쳐 지속적으로 시장을 앞지른 투자가는 없었다. 그의 성공 비결은 무엇일까?

우선 버핏은 가치투자의 원칙을 지키면서 기법을 발전시켰다. 그는 1970년대 후반 들어 기업의 자산가치보다는 수익가치에 관심을 갖기 시작했다. 자산가치란 기업의 순자산이 시가총액보다 많을 경우 안전마진이 있는 것으로 보고 투자를 하는 것을 말한다. 반면 수익가치란 기업이 지금 어느 정도의 수익을 내고 있고, 향후에도 수익을 낼 수 있을 것인가를 기준으로 투자를 하는 것을 말한다.

그는 성장주의 가치투자자인 필립 피셔(Philip Fisher)의 이론을 받아들인 것을 계기로 이같이 전환했다. 그레이엄이 대공황의 참상을 목격하고 보수적인 관점에서 주식시장을 바라봤다면, 피셔는 기업의 미래 가치와 역동성에 기반을 둔 투자를 강조했다. 피셔는 주가는 결국 기업 실적의 반영이며, 가격은 싸지만 지속적으로 수익을 내지 못하는 기업의 주식을 매입하는 것은 고장난 차에 돈을 쓰는 것과 같다고 보았다.

자산가치와 수익가치는 장단점이 있다. 자산가치는 기업의 사업보고서에 명확히 드러나 있기 때문에 평가가 쉽다는 장점이 있지만 워렌 버핏은 이를 피우다 만 담배를 다시 피우는 '담배꽁초식 투자'라고 평가했다.

수익가치는 기업의 장기적 전망에 근거한 투자로 투자자에게 높은 수익을 가져다주지만 평가가 쉽지 않다는 한계가 있다. 본질적으로 불확실할 수밖에 없는 기업의 미래에 근거한 투자는 실패의 위험이 도사리고 있다.

워렌 버핏은 미래 예측의 불확실성을 제거하기 위해 기업 매입의 첫째 기준으로 '기업이 단순한 비즈니스 모델을 갖고 있는가'를 따지고 있다. 단순한 비즈니스를 가진 기업의 미래는 변수가 많지 않기 때문에 예측이 용이하다고 본 것이다.

워렌 버핏이 수익가치에 기반을 두고 찾아낸 종목은 코카콜라, 아메리칸 익스프레스, 질레트, 프레디 맥, 웰파고, 가이코 등이었다. 이런 종목들은 그에게 고수익을 안겨 주었다.

둘째, 원칙에 충실했다는 점을 들 수 있다. '다우의 개'[11)]

버크셔 해더웨이 주가 추이(1995~2001).

이론으로 잘 알려진 미국의 주식 연구가 제임스 오쇼너시(James P. O'shaughnessy)는 미국의 주식시장에 관한 통계적 조사로 유명하다. 그는 "시장을 지속적으로 이긴 투자자들은 투자 전략을 일관되게 고수했다는 공통점을 갖고 있다"고 결론지었다. 1920년대 이후 미국 주식에 관련된 방대한 통계와 자료를 분석한 결과였다.

그는 또한 "시장 상황에 따라 이런저런 원칙들을 바꿔 주식을 매입할 경우 더 높은 수익을 낼 것 같지만 결국 시장을 이기지 못했다"고 덧붙였다.

워렌 버핏은 주식시장에 고평가 시기가 도래하면 투자를 자제하거나 접을 줄 알았다. 이는 웬만한 투자가는 쉽게 따라하기 어려운 미덕이다. 군중심리 혹은 시장의 심리에 휩쓸리지 않는 것은 어지간한 투자의 대가도 쉽지 않은 일임을 주식시장의 역사는 보여 주고 있다.

워렌 버핏은 1969년 주식시장이 고평가돼 있다고 선언하고 투자조합을 해산함으로써 투자 손실을 비켜갈 수 있었다. 이후 1986년, 1999년의 두 시기에도 워렌 버핏은 주식시장이 고

평가돼 있다고 경고했다.

그는 1986년 저금리의 영향으로 주식시장의 초강세장이 펼쳐지자 "지금 시장에서 저가 매수 종목을 찾지 못하겠다"고 털어놓고 보유 주식 수를 줄여 나갔다. 1987년 그는 캐피털 시티즈, 가이코, 워싱턴 포스트 등 3종목만을 남겼다

그 경고가 있은 지 1년이 지난 1987년 미국의 주식시장은 대폭락을 시작했다. 그해 10월 29일은 미 증시의 역사에 '검은 금요일'로 기록돼 있다. 워렌 버핏은 보유 주식을 줄인 덕분에 손실을 피해갈 수 있었다.

그로부터 10여년이 지난 1990년대 후반, 워렌 버핏은 다시 한 번 주식시장이 고평가돼 있다며 불안감을 피력했다. 이런 우려는 1999년 정보통신(IT)열풍 혹은 닷컴 버블로 현실화했다. 인터넷을 기반으로 하는 IT 혁명의 불길은 무서울 정도였다. 신문과 방송은 인류 역사상 새로운 시대가 왔음을 알렸다. 전문가들은 과거의 기법과 지식은 새로운 시대에 의미가 없으며 수백, 수천 배의 주가수익비율(PER, Price Earnings Ratio)을 미래 가치라는 이름으로 정당화했다. 너도나도 닷컴 주식 매입에 나섰다.

그러나 그것이 역사상 진부하기 이를 데 없는 또 하나의 버블이었음이 드러나는 것은 1년이 채 걸리지 않았다. 워렌 버핏은 다시 한 번 손실을 비켜 갈 수 있었다. 주식 투자의 성패가 원칙을 고수하느냐 그렇지 않느냐에 있음을 워렌 버핏의 투자 성공의 역사는 보여 주고 있는 것이다.

세계 최고 부자는 어떻게 만들어지는가

워렌 버핏의 리더십

워렌 버핏의 공식 직함은 버크셔 해더웨이 회장이다. 그는 투자가로 알려져 있지만 75개 자회사를 거느린 거대기업의 최고 경영자이기도 하다. 그는 한국의 매출액 1위 기업인 삼성전자보다 규모가 더 큰 기업을 경영하는 일에서도 능력을 보여 주고 있다.

워렌 버핏의 경영스타일은 자회사의 최고경영자에게 완벽한 자율성을 보장한다는 점이다. 그는 간섭하지도, 감시하지도, 추궁하지도 않는다.

이것이 경영자의 우상으로 존경받는 잭 웰치와 차이를 보이는 부분이다. 잭 웰치는 GE를 미국의 최고 기업의 하나로 키우는 과정에서 불도저 같은 리더십을 보여 주었다. 업무 처리를 제대로 못하는 임직원을 향해 대놓고 모욕을 주었고 심지어 사표를 요구했다는 사실을 그는 자서전에서 숨기지 않고 있다. 무능한 직원은 웰치에게는 '사람'이 아니었다. 그는 끊임없이 감시하고 평가하고 추궁했다. 이런 경영스타일을 그는 기업의 번영과 효율성 재고라는 명분으로 정당화하고 있다. 지금도 세계 각국의 경영자들은 웰치의 강연과 책을 듣고 읽으며 그를 따르려 한다.

하지만 진정한 리더십이란 구성원의 협력을 자발적으로 이끌어내고 이들이 능력을 발휘할 수 있도록 북돋아 주는 것이다. 워렌 버핏은 이 점에서 최고경영자로서도 더할 나위 없는 리더십을 보여주고 있다.

그의 리더십을 보여 주는 사례 중 하나가 1995년 RC 윌리 가구 회사를 매입하는 과정에서 잘 나타났다.

이 가구회사는 1927년 루퍼스 콜 윌리가 유타 주에서 창업해 수익성 있는 사업체로 키웠고, 1995년 버크셔 해더웨이가 자회사로 편입시킬 당시에는 창업주의 사위 빌 차일드가 최고경영자를 맡고 있었다. 버크셔 해더웨이는 RC 윌리 가구 회사의 매입 이후에도 경영을 빌 차일드가 그대로 맡기로 합의했다. 기업을 매입할 경우 경영진이 그대로 경영을 맡도록 하는 것은 버크셔 해더웨이의 매입 원칙 가운데 하나이다.

문제는 빌 차일드와 임직원들이 말일성도예수그리도교회(모르몬교) 신도여서 일요일에는 회사 문을 닫는다는 것이었다. RC 윌리의 본사는 이 교단의 성전이 있는 유타 주 솔트레이크시티에 있다. 고객이 가장 많이 찾아오는 일요일에도 문을 연다면 회사 매출이 늘어날 것이 분명했다. 워렌 버핏은 버크셔 해더웨이 최고경영자로서 자회사 경영에 간섭하더라도 문제 될 것이 없었다.

그러나 워렌 버핏은 사업보고서에서 "빌 차일드에게 회사의 기존 방침을 그대로 지키라고 다독여 주었다"고 밝히고 있다. 빌 차일드는 가구 회사의 평균을 넘는 수익을 지속적으로 달성하면서 워렌 버핏의 자율 경영 원칙에 화답했다.

워렌 버핏이 1965년 버크셔 해더웨이 경영권을 장악한 이래 40여 년 동안 임직원을 해고한 경우는 손으로 꼽을 정도다. 그는 임직원의 업무에 여간해서는 간섭하지 않으며, 자회사의 최고경영자는 본인이 원하면 정년까지 일한다. 버크셔 해더웨이의 75개 자회사의 최고경영자들 가운데는 오마하의 버크셔 해더웨이 본사 사무실을 한 번도 방문하지 않은 사람이 꽤 된다. 워렌 버핏이 이들을 불러 모아 회의를 열지 않기 때문이다. 그러다 보니 버크셔 해더웨이의 자회사의 최고경영자들은 서로를 잘 알지 못한다. 자회사 CEO들은 기자회견을 하거나 기업설명활동(IR, investor relations)을 해야 할 의무도 없다. 워렌 버핏이 그런 것들을 요구하지 않기 때문이다. 자회사 최고경영자가 경쟁 기업으로 옮긴 경우도 없다. 해고와 이직이 일상화된 미국의 기업문화에서 이는 놀라운 일이다. 이런 식으로 운영되는 미국의 대기업은 버크셔 해더웨이가 유일할 것이다.

버크셔 해더웨이 자회사 최고경영자의 거의 유일한 의무는 실적을 내는 것이다. 어떤 전략과 방식으로 실적을 내야 하는가는 전적으로 해당 최고경영자의 자율 권한이다.

이런 방식으로 운영되면서도 버크셔 해더웨이의 주가는 해마다 상승하고 있다. 자회사 최고 경영자들이 해마다 실적을 개선하면서 버크셔 해더웨이의 기업가치가 증대되고 있기 때문이다. 어떻게 이것이 가능할까?

이는 워렌 버핏이 처음부터 능력이 검증된 최고경영자를 선발하는 것에서 비롯된다. 애초에 잘하는 사람을 뽑으니 나중에 간섭할 필요가 없는 것이다.

"우리는 좋은 기업일 뿐만 아니라 수준 높고 재능이 있으며 호감이 가는 경영자가 운영하는 기업을 사들이려 노력한다. 만일 우리와 손잡는 경영자에 대해 우리가 판단을 잘못했을 경우, 우리는 변화를 행사할 권한이 있기 때문에 상대 회사에 대해 어느 정도 유리한 점이 있다. 그러나 현실적으로 유리한 점은 이상적인 차원에 머무는 경향이 있다. 경영진 교체는 마치 이혼처럼 고통스럽고 시일이 오래 걸리며 위험 부담이 크다."[12)]

자회사의 최고경영자들은 그 회사의 오너였다가 지분을 매각하고 경영을 맡고 있는 경우가 많다. 이들은 자신이 맡은 사업을 건강이 허락하는 한 운영할 수 있다. 네브래스카 퍼니처 마트의 로즈 블룸킨 여사는 104세까지 회사 경영을 맡았다.

60대가 되면 물러날 각오를 해야 하는 기업 풍토에서 비켜서 있다는 사실을 알 수 있다. 워렌 버핏은 자회사를 일단 매입하면 다시 매각하는 법도 없다.

버크셔 해더웨이 주주총회

2008년 5월 오마하 퀘스트 센터에서 열린 버크셔 해더웨이 주주총회에는 미국은 물론 독일, 영국 등 세계 각국의 주주 3만 2,000여 명이 몰려 성황을 이루었다.

1981년 불과 12명으로 조촐하게 시작한 주주총회의 참가자는 해마다 신기록을 갱신하고 있다. 이 행사는 이제 세계에서 가장 많은 인원이 참가하는 주주총회로 자리 잡았다. 2007년 기준으로 버크셔 해더웨이의 발행 주식 수는 153만 6,633주이며 전체 주주는 약 30만 명에 달한다.

버크셔 해더웨이는 주주총회를 초기에는 여관(inn)이나 호텔에서 하다가 인원이 늘자 2004년에 처음으로 오마하 외곽 퀘스트 센터에서 진행하고 있다. 퀘스트 센터는 전체 면적이 약 4만 5,000제곱미터이고 이 가운데 약 1만 8,000제곱미터가 전시장이다.

주주들은 왜 자기 돈을 들여 가며 먼 길을 마다하지 않고 자발적으로 찾아오는 것일까? 직접 취재한 버크셔 해더웨이 주주총회는 충분히 그럴만한 가치가 있었다. 이 행사는 유쾌하면서도 진지하고 유익했다.

이 행사의 하이라이트는 주주총회 직후에 열리는 '주주와의 대화(Q&A session)'이다.

취재 당시 퀘스트 센터 1층의 상품 전시장의 이곳저곳을 들러 보느라 2층에서 열리고 있던 주주와의 대화 행사장에 조금 늦게 들어갔다. 문을 열고 들어서니 영화관처럼 캄캄해서 처음에는 아무 것도 보이지 않았는데, 조금 지나니 눈앞에 장관이 펼쳐졌다. 좌석은 입추의 여지가 없었고(나중에 확인해 보니 좌석수가 1만 7,000여 개였다) 중앙에 워렌 버핏과 찰스 멍거가 나란히 앉아 주주들의 질문에 답하고 있었다. 정기 주주총회가 이미 끝나 있었던 것이다.

버크셔 해더웨이의 실제적인 정기 주주총회는 10분을 넘기는 법이 없다. 버크셔 해더웨이 주주총회는 사실 별다른 의미가 없다. 워렌 버핏과 그의 가족, 그리고 친구들이 전체 지분의 과반수를 차지하고 있기 때문에 애초부터 안건이 거부될 가능성이 없다. 2005년 기준으로 워렌 버핏은 버크셔 해더웨이 주식의 38퍼센트를 보유하고 있다. 버크셔 해더웨이 A주식수는 153만 6,630주이다.

오전 9시 30분쯤 총회가 시작되면 먼저 워렌 버핏과 찰스 멍거가 중앙으로 나가 준비된 연단에 앉는다. 그러면 행사장 곳곳에 설치된 대형 슬라이드에 두 사람이 비친다. 이 장면은 기자실에 있는 기자들에 의해 전 세계로 보도되고 방송된다. 이때 워렌 버핏은 연단 앞에 놓인 캔디를 입에 넣고 콜라를 마시면서 버크셔 해더웨이 자회사 제품을 은근히 홍보한다.

워렌 버핏이 안건을 상정하고 나서 '안건에 찬성하는 분은 찬성이라고 말씀해 주세요'라고 말하고 나서 주위를 둘러본다. 그것으로 끝이다. 그는 기업의 주주총회에서 필수 절차인 사업성과나 향후 전망에 대한 설명을 일절 하지 않는다.

그러다 보니 총회 시간이 10분을 넘지 않는 것이다. 워렌 버핏은 간혹 "반대하는 분이 있으면 '난 떠나요'라고 하세요"라고 말하면서 총회 시간을 수분 늦추기도 한다. 도저히 민주적이라고 볼 수 없는 행사이지만 참석자들은 우레 같은 박수를 보낸다.

이 절차가 끝나면 그 유명한 주주와의 대화가 이어진다. 워렌 버핏이 의자에 비스듬히 몸을 기대고 "질문이 있습니까?"라고 물으면 연단 앞좌석에 자리 잡은 질문자들이 마이크 앞으로 나가 미리 준비된 질문을 낭독하는 것이다. 이 질의응답이 오후 3시 30분까지 무려 5시간 동안 이어진다. 주주들이 원하는 것도 바로 이 시간이다.

2008년에는 인도 봄베이에서 왔다는 어느 주주가 질문의 첫 테이프를 끊었다. 이 주주는 "주식 투자를 어떻게 시작했나요?"라고 물었고, 워렌 버핏은 "벤저민 그레이엄의 『현명한 투자자』에서 시작했습니다. 벤저민의 조언을 따라 하면 절대로 틀리지 않을 것입니다"라고 대답했다. 이어 향후 증시 전망, 수익을 가져다주는 주식 고르는 비결, 버크셔 해더웨이 향후 수익성 등 다양한 질문이 쏟아졌다.

그런데 이들이 주고받는 이야기를 유심히 살펴보면 해마다 질문이나 답변이 비슷하다는 사실을 알 수 있다. 향후 주식시장의 전망을 묻는 질문이 나오면 워렌 버핏은 기다렸다는 듯이 "장세에 신경 쓰지 말고 우량기업의 주식을 매입해 꾹 참고 기다려라"고 답변하고, "수익을 내는 종목을 어떻게 고르느냐"는 질문을 받으면 역시 곧바로 "경제적 해자(垓字)를 가진 기업의 주식을 좋은 가격에 매입하라"고 답변한다. 건강을 유지하는 비결을 물으면 "콜라를 마신다"고 답변한다.

뻔한 질문에 뻔한 답변이 오가는데도 그렇게 많은 사람들이 열광하는 행사가 바로 버크셔 해더웨이 주주총회다. 이 행사는 문화 현상이며 연구할 가치가 충분하다.

평생 동반자 찰스 멍거

아인슈타인 같은 천재에게는 조언자가 있는 것이 나을까, 아니면 없는 것이 차라리 효율적일까? 천재는 혼자서도 잘하기 때문에 누군가가 옆에서 조언을 하는 것은 시간 낭비인가?

워렌 버핏의 인생을 살펴보면 이 질문에 대한 해답은 "조언자가 있는 편이 낫다"이다. 단, 조언자는 천재 못지않게 뛰어나야 한다는 조건이 붙는다.

2007년 5월 버크셔 해더웨이 주주총회를 취재하면서 주주들 사이에 워렌 버핏 못지않게 주목받는 인물이 찰스 멍거 버크셔 해더웨이 부회장이라는 사실을 확인할 수 있었다.

주주와의 대화에서 워렌 버핏은 찰스 멍거와 나란히 앉아

『불쌍한 찰리 이야기』.

주주들의 질문에 답변했다. 행사장 곳곳에 설치된 여러 개의 대형 화면에서는 워렌 버핏과 찰스 멍거를 똑같은 비중으로 보여 주었다. 워렌 버핏은 주주들의 질문에 답변을 하다가 막히는 부분이 있거나 보충 설명이 필요하다 싶으면 옆 자리의 찰스 멍거에게 "찰리?"하며 답변을 유도했다. 이때 그는 마치 교수에게 "내가 맞게 대답한 것인가요?"라고 묻는 학생 같은 표정을 지어 보였다. 찰스 멍거를 전적으로 신뢰하고 있다는 뜻이다. 투자의 대가에게는 훌륭한 스승이 있었던 것이다.

주주총회 행사장인 퀘스트 센터의 한편에 설치된 책 판매 코너에서도 참석자들이 찰스 멍거에게 비상한 관심과 존경심을 갖고 있다는 사실을 확인할 수 있었다. 코너에는 워렌 버핏과 버크셔 해더웨이에 관한 책, CD, DVD 등이 판매되고 있었다. 이 코너에서 찾아낸 책이 찰스 멍거의 전기 『불쌍한 찰리 이야기(Poor Charlie's Almanack: The Wit and Wisdom of Charles T. Munger)』였다. 아주 두툼한 책이었고 책장을 넘겨 보니 찰스 멍거의 성장 과정과 현재의 투자가로 자리 잡기까지 겪었던 일들이 컬러 사진과 함께 나와 있었다.13)

책을 뒤적이고 있는데 어느 백인 남자가 불쑥 다가와 "만약 내가 이 코너에서 책을 딱 한 권만 고른다면 당신이 지금 보고 있는 이 책을 집어 들겠다"고 말했다. 먼저 묻지도 않았는데 이 남자가 먼저 다가와서 말을 걸자 당황스러울 수밖에 없었다. 나의 당황한 표정에도 아랑곳하지 않고 이 남자는 결연한 표정으로 말을 이었다.

"찰스 멍거야말로 투자란 것이 무엇인지를 진정으로 알고 있는 사람이다. 투자가라면 멍거가 말하는 '정신의 격자 세공 모델'은 반드시 알고 있어야 한다."

찰스 멍거가 주주들 사이에 존경받고 신뢰감을 얻고 있다는 사실을 실감하는 순간이었다.

직접 만나 이야기를 나누어 보았으면 좋겠다고 생각했는데, 실제로 그렇게 됐다. 5월 6일 공식 기자회견장에서 이야기를 주고받았고, 기자회견이 끝난 직후 사진도 같이 찍었다. 1924년생인 찰스 멍거는 당시 나이가 83세였는데, 정말 건강해 보였고 키는 얼추 190센티미터가 되는 것 같았다. 사진을 찍기 위해 나란히 포즈를 취하는 과정에서 찰스 멍거가 영광스럽게도 나에게 반갑다는 제스처를 취했다. 그가 이런 제스처를 취한 것은 기자회견장에서 내가 던진 질문 때문이 아닌가 싶다.

나는 기자회견장에서 워렌 버핏에게 "당신의 가치투자가 한국에서도 적용될 수 있다고 생각하느냐"라는 질문을 했는데, 이때 찰스 멍거가 워렌 버핏의 답변이 끝나자 마이크를 넘겨받았다. 찰스 멍거는 기자회견이 진행되는 과정에서 답변을 아주 드물게 했는데, 내 질문에 대해서는 제법 길게 답변을 했다. 이때 한국전쟁, 정주영 회장, 박정희 전 대통령, 한강의 기

필자를 따뜻하게 맞아준 찰스 멍거(좌)와 워렌 버핏(우).

적 같은 말들이 그의 입에서 나왔다.

찰스 멍거는 워렌 버핏과 마찬가지로 오마하 태생이다. 1924년 1월 1일 워렌 버핏이 살던 집에서 불과 90미터 떨어진 곳에서 출생했다.

찰스 멍거의 부모와 워렌 버핏의 부모는 오마하의 지역 유지로 서로 알고 지낸 사이였지만 그 둘은 1959년 7월에야 만났다(찰스 멍거는 워렌 버핏의 할아버지가 운영하던 잡화점에서 시간제로 일을 한 적도 있다. 그런데도 두 사람은 1959년 이전까지는 알고 지내지 못했다).

당시 워렌 버핏은 뉴욕 월스트리트에서 오마하로 이주한 지 3년째로 투자자를 모집하고 있었고, 찰스 멍거는 로스앤젤레스(LA)에서 변호사로 활동하고 있었다. 찰스 멍거는 변호사 아버지와 연방 판사를 지낸 할아버지의 영향을 받아 하버드 로스쿨을 졸업하고 변호사로 사회생활을 시작했다.

천재는 천재를 알아보는 법이다.

"뛰어난 지적 능력을 가졌다는 사실을 곧바로 알아차렸다." (워렌 버핏)

"그저 그런 인상을 받은 것이 아니었다. 아주 깊은 인상을 받았다."(찰스 멍거)

이후 두 사람은 꾸준히 교류를 했지만 찰스 멍거가 버크셔 해더웨이에 정식으로 합류한 것은 1976년의 일이었다. 그전까지 찰스 멍거는 법률회사를 운영하면서 별도로 투자회사를 운영했는데, 1962~1975년 13년간 19.8퍼센트의 연평균 수익률을 거두었다.

찰스 멍거는 1973년 주식시장의 급락에서 손실을 입었는데, 이때 워렌 버핏이 미리 투자조합을 접었던 것과는 대조적이다. 이 시기의 손실을 제외하면 찰스 멍거의 수익률은 워렌 버핏의 평균 수익률인 24퍼센트에 근접한다.

찰스 멍거가 워렌 버핏에게 가장 크게 기여한 부분은 기업의 성장가치를 이해하게 만든 점에 있다. 찰스 멍거를 만나기 전까지 워렌 버핏은 그레이엄식의 '담배꽁초식 가치투자'를 고수하고 있었다. 본질적으로 우량기업이냐 아니냐를 따지기보다 시장에서 저평가된 주식이 있으면 매입했다가 주가가 오르면 팔아서 차익을 남기는 방식이었다. 자산가치에 근거한 투자를 선호했던 것이다.

"벤저민 그레이엄은 나에게 반드시 헐값의 주식을 사야한다고 가르쳤다. 그러나 찰스 멍거는 생각이 달랐다. 그는 헐값

이 아니더라도 주식을 살 수 있다고 나를 설득했다. 이것이 찰스 멍거가 내게 미친 영향력이다. 나를 그레이엄의 제한적인 시각에서 탈피하게 만들려면 강력한 힘이 있어야 했는데, 바로 찰스 멍거가 그런 강력한 힘을 가진 존재였다. 그는 내 사고의 지평을 넓혀줬다."(워렌 버핏)

"워렌 버핏은 그레이엄 밑에서 교육받은 대로 돈을 벌었으므로 내가 터득한 아이디어, 즉 돈을 버는 최상의 방법은 장기간에 걸쳐 투하 자본 대비 높은 수익률을 돌려주는 우량사업을 매입하라는 생각에 도달하기까지는 시간이 조금 걸렸다. 우리는 아직도 그레이엄의 기본 개념들을 적용하고 있기는 하지만, 이제는 단지 값싼 주식에 주목하는 것이 아니라 가치 절하되고 있는 기업들을 찾으려고 노력하고 있다. 벤저민 그레이엄은 이런 생각과는 거리가 멀었다. 워렌 버핏은 그레이엄이 없었다면 오히려 더 위대한 투자가로 변모했을 것이다. 그는 그레이엄보다 더 위대한 투자가이다."(찰스 멍거)

찰스 멍거의 권유를 받아들여 워렌 버핏이 매입에 나선 첫 기업은 시즈 캔디였다. 워렌 버핏은 1972년 초콜릿과 캔디를 제조·판매하는 이 회사를 버크셔 해더웨이 자회사인 블루칩 스탬프를 통해 2,500만 달러에 매입했다. 당시 시즈 캔디의 자본 총계가 800만 달러, 연간 매출액이 3,000만 달러였으므로 겉보기에는 고가에 매입한 셈이지만 결과적으로 남는 장사였음이 증명됐다. 시즈 캔디는 투하 자본이 적게 들어가는 반면 독점력에 기반을 둔 고가 정책으로 수익이 크게 늘었기 때문이다. 캔디사업은 고가의 장비나 공장을 지을 필요가 없다는 장점이 있었다.

워렌 버핏은 2007년 사업보고서에서 "(시즈 캔디를 매입하는 과정을 통해) 진정으로 위대한 비즈니스는 유형자산 대비 높은 수익률을 올려 주는 기업이며, 어떤 기간에도 수익의 많은 부분을 재투자하지 않는 기업이라는 사실을 알게 됐다"고 밝히고 있다.

찰스 멍거의 투자 철학은 '정신의 격자 세공 모델'로 요약된다. 그의 말을 직접 들어 보자.

"고립돼 있는 사실을 그냥 기억만 하고 있으면 진짜로 알고 있는 것이 아니다. 그 사실들을 혼합해 조직해 보라. 만일 그 사실들이 세밀한 이론으로 짜 맞추어지지 않는다면 사용 가능한 형태로 있는 것이 아니다. 여러분은 머릿속에 모델을 갖고 있어야 한다. 그리고 직접경험이든 간접경험이든 여러분의 경험을 이 모델의 격자 위에 정렬해야 한다. 여러분은 기억하는 데만 애를 쓰고, 기억한 것을 앵무새처럼 그대로 되뇌는 학생들을 보았을 것이다. 그런 사람은 학교에서나 사회에서나 낙오를 면하기 어렵다. 경험을 여러분의 머릿속에 있는 모델들의 격자 위에 결합해 놓아야 한다."

이것이 무슨 말일까? 그의 부연 설명은 다음과 같다.

"우선 첫 번째 원칙은 다양한 모델들을 가져야 한다는 것이다. 만일 한두 개의 모델만 갖고 응용하면, 인간이 가진 심리의 본성에 따라 그 모델에 현실을 억지로 뜯어 맞추려 하거나,

적어도 현실이 그 이론에 맞는다고 애써 간주할 것이다. 그건 병원에 가야 할 병을 지압으로 치료하겠다고 덤비는 얼간이 척추교정 지압 치료사와 마찬가지다."

"세속적인 지혜는 수학, 회계, 공학, 물리학, 생물학, 심리학을 실용적인 관점에서 이해하는 것에서 생긴다. 그리고 거슬러 올라가면 패리 뮤추얼 베팅(pari-mutual bettting)[14] 에 대한 이해가 필요하다."

찰스 멍거는 투자자들에게 기회가 왔을 때 그것을 낚아챌 수 있는 준비된 상태가 돼 있어야 한다고 강조한다.

"일생일대의 호기가 왔을 때 균형을 잘 잡아 신속하게 포착할 준비가 돼 있으면 평생을 통해 거둘 수 있는 재정적 결실에 극적인 변화가 생긴다. 다가오는 절호의 기회는 다양한 변수를 즐겨 따져 보고 호기심의 촉수를 뻗친 채 꾸준히 모색하며 기다리는 사람에게 돌아가는 법이다. 승산이 확실할 때 필요한 것은 이제까지 신중함과 인내심을 발휘한 결과로 쌓인 자원을 송두리째 판에 내놓는 대담한 의지뿐이다."

"우리 각자에게 정말로 좋은 투자 기회는 그리 자주 오지 않으며, 설령 그것이 오더라도 오래 머물지 않는다. 그러므로 이 짧은 기간에 행동을 취할 수 있도록 스스로를 준비시켜야 한다. 아주 간단한 일이다."

조용한 내조자 고(故) 수잔 버핏

워렌 버핏은 비즈니스와 숫자에는 탁월한 재능을 갖고 있었지만 나머지 부분에서는 평균에서 한참 떨어지는 수준을 유지하고 있다. 그는 일상생활에서는 다른 사람의 도움이 없이는 지내기 어려운 인물이다.

이는 천재에게서 흔히 나타나는 특징이다. 그는 지금도 집안의 조명 스위치를 켜는 데도 서투르고, 잔디깎이도 사용할 줄 모르고, 팩스기 사용도 서툴러 상대에게 팩스를 보내는 데 애를 먹고 있다.

"아버지는 잔디 깎는 기계조차 다룰 줄 모른다. 나는 아버지가 풀을 깎거나 울타리를 손질하고 세차하는 것을 한 번도 보지 못했다. 어릴 때는 아버지의 그런 점에 짜증이 나곤 했다. 나이가 들고 시간의 가치를 이해하고 나서야 나는 아버지가 왜 그랬는지 깨닫게 됐다. 아버지의 시간은 가치가 어마어마하기 때문이다."(워렌 버핏의 장남 하워드 버핏)

이런 남자에게는 이해와 배려심이 깊은 배우자가 필요하다. 그리고 다행스럽게도 그런 여성을 만났다. 바로 첫 번째 부인 수잔 버핏(Susan Buffet: 결혼 전 이름 Susan Thompson, 1932~2004)이었다. 워렌 버핏은 "수잔이 없었다면 나는 성공할 수 없었을 것이다"라고 고백한 적이 있다.

워렌 버핏과 부인 수잔 버핏과의 관계를 보면 이 말이 과장이 아니었음을 알 수 있다. 수잔 버핏은 워렌 버핏의 부족한 부분을 채워 주기에 딱 맞는 정신적 소양과 감성을 가졌다. 수잔은 문화적 감성이 풍부한, 자유로운 영혼을 가진 여성이었다.

1952년 4월 19일 워렌 버핏은 고향 오마하의 던디 장로교회에서 수잔 톰슨과 결혼식을 올렸다. 수잔은 20세로 워렌 버핏보다 두 살 아래였다.

당시 워렌 버핏은 오마하에서 아버지의 사업을 돕고 있었다. 결혼 1년 전인 1951년 컬럼비아대를 졸업하고 그레이엄에게 입사 제의를 했다가 거절당하자 오마하로 귀향한 터였다.

수잔은 워렌 버핏의 동생인 베티(로버타 버핏 비아렉의 애칭)의 대학 기숙사 룸메이트였다.[15] 1950년 베티는 노스웨스턴대 기숙사 룸메이트로 알고 지내던 수잔을 워렌 버핏에게 소개했다. 아담한 체구에 갈색 머리를 가진 이 여대생에게 버핏은 첫눈에 마음이 끌렸다. 그가 보기에 수잔은 '주식에 대해 전혀 모른다는 점을 빼놓고는 아무런 단점을 찾을 수 없는' 아가씨였다.

그러나 수잔은 워렌 버핏에게 아무런 관심을 보이지 않았다. 남자답지 않게 수줍음을 많이 타는 데다, 입만 열면 주식 이야기만 하고, 특히 여자 앞에서는 허둥대고 불안한 모습을 보이는 사내에게 이 매력적인 여대생이 호감을 가질 이유가 없었다.

당시 워렌 버핏은 심각할 정도로 사교성이 부족했다. 그도 자신의 단점을 잘 알고 있었고 이 문제를 극복하기 위해 카네기재단이 운영하는 스피치 학원에도 다녔다. 이 학원의 수강

료는 워렌 버핏의 입장에서는 거액인 수백 달러에 달했다. 지금도 그렇지만 워렌 버핏은 돈을 아끼는 일에 관한 한 양보하는 법이 없었다. 그럼에도 그가 이런 '거액'을 털어 넣은 것을 보면 얼마나 이 문제로 고민했는지를 짐작할 수 있다.

수잔의 무관심을 확인하고도 버핏은 물러서지 않았다. 그는 전략을 바꾸었다. 수잔에게 직접 다가서는 대신에 윌리엄 톰슨 오마하대학(현 네브래스카대학) 심리학 교수에게 접근했다. 수잔의 아버지였다.

톰슨 교수는 딸 수잔이 유대계 러시아인 2세인 밀튼 브라운이라는 사내와 교제하고 있는 것이 영 못마땅했다. 밀튼 브라운은 수잔과 마찬가지로 시카고 노스웨스턴대에 다니고 있었는데, 집안 형편이 좋지 않아 학비 조달에 애를 먹고 있었다.

톰슨 교수는 열렬한 공화당원이었다. 당시 공화당원이라는 것은 소수인종이나 유색인종에 대해 배타적이고 백인 우월의식을 갖고 있다는 말과 동의어였다. 오마하는 유색인종에 대한 차별이 강한 곳이다. 톰슨 교수의 눈에는 밀튼 브라운은 러시아 소수인종 출신의 가난한 집안 청년이었다.

톰슨 교수는 워렌 버핏이 마음에 들었다. 그가 순수 백인인데다 명문대학을 나왔다는 사실에 호감을 가졌던 것이다. 그에게 워렌 버핏의 성격적인 단점은 오히려 순수함으로 비쳤다. 게다가 워렌 버핏의 아버지 하워드 버핏은 연방 하원의원이자 골수 공화당원이었다. 하워드 버핏은 공화당 내에서도 극우보수 세력을 대변하는 단체로 알려진 존 버치 협회의 회원이었다.

톰슨 교수는 딸의 미래를 밝게 해 줘야 한다는 책임 의식을 느꼈다. 때마침 수잔과 사귀던 남자 친구 브라운이 노스웨스턴대의 비싼 등록금을 감당하지 못하고 아이오와대학으로 학교를 옮겼다. 톰슨 교수는 워렌 버핏을 초대해 딸 수잔과 자연스럽게 같이 자리를 하도록 배려했다.

그렇지만 둘의 관계가 바로 결실을 맺지는 않았다. 워렌 버핏은 1951년 추수감사절 휴가에 수잔, 그리고 수잔의 부모와 함께 풋볼 경기를 관람하고 식사를 같이 했다. 그러나 식사가 끝나기도 전에 수잔은 선약이 있다며 서둘러 자리를 떴다.

워렌 버핏도 사귀던 여자가 없었던 것은 아니었다. 워렌 버핏은 미스 네브래스카 출신의 바니타 브라운과 교제하고 있었다. 바니타는 볼륨감 넘치는 몸매에 이웃집 소녀의 얼굴을 가진 매력적인 여성이었지만 문제는 바니타가 정서적인 기복이 심하다는 것이었다. 유년 시절에 어머니의 정서 불안으로 여성에 대한 공포를 갖고 있던 워렌 버핏은 바니타에게 더 가깝게 다가설 수 없었다(버핏은 자서전 『스노볼: 워렌 버핏과 인생 경영』에서 어머니와의 관계가 좋지 않았다고 고백하고 있다).

한편 수잔은 워렌 버핏과 자주 얼굴을 마주치면서 이 남자를 다시 보기 시작했다. 수잔은 워렌 버핏이 자신만만한 특권층의 아들이 아니라 소심하고 불안한 내면을 가졌다는 사실을 발견했다. 숫자와 비즈니스가 화제로 나오면 완벽한 몰입 증상을 보이지만 나머지 일상생활에서는 부적응 상태를 보이는 그에게서 모성애와 보호본능을 느꼈던 것이다.

마침내 두 사람은 1952년 4월 19일 결혼식을 올렸다. 워렌 버핏은 수잔에게 의지하고 싶어 했고, 수잔은 그런 그를 감싸 안았다. 훗날 수잔은 워렌 버핏을 가리켜 자신의 '첫 번째 심리 상담 환자'라고 표현했다.

워렌 버핏은은 신혼여행 기간에도 벤저민 그레이엄의 『현명한 투자자』를 읽고 또 읽었다. 수잔은 그런 남편을 너그럽게 이해하고 북돋아 주었다.

버핏 부부는 신접살림을 오마하의 허름한 임대 아파트에서 시작했다. 돈이 없어서가 아니었다. 당시 워렌 버핏은 아파트를 사기에 충분한 금액인 1만 달러가량을 갖고 있었다. 그러나 투자의 원리를 완벽하게 깨우치고 있었던 그는 그 돈을 아파트 구입에 '낭비하고' 싶지 않았다. 그는 수잔에게 "이 돈은 목수의 연장과도 같다. 목숨과도 같은 연장을 팔아 치우는 목수는 없을 것이다"라고 설득했다.

이리하여 허름한 임대 아파트에서 신접살림을 시작했고, 종잣돈 1만 달러를 주식 투자에 사용할 수 있었다(워렌 버핏은 이 돈으로 가이코 주식을 매입했다. 정확히 말하면 가이코 주식 1만 282달러어치를 매입했고 1년 뒤 1만 5,259달러에 팔았다).

다음은 1952년 워렌 버핏이 가이코 주식을 팔기 직전의 투자 포트폴리오이다. 가이코의 평가액은 매각 가격 1만 5,259달러보다 약간 낮게 책정돼 있다.

워렌 버핏의 1952년 투자 포트폴리오.[16)]

주식 수	종목명	업종	평가액(달러)	포트폴리오 비율(퍼센트)
350	가이코	자동차 보험	13,125	67
200	타임리 의류	남성 정장	2,600	13
100	볼드윈	악기	2,200	11
200	그레이프 브라더즈	선적용 컨테이너	3,650	19
2,000	디모인 철도	철도	330	2
200	소어코프	휴대용 전동공구	2,550	13
	합계		19,737	

* 은행융자 5,000달러 포함.

버핏 부부가 자신들의 집을 마련한 것은 결혼한 지 6년이 지난 1958년의 일이었다. 네덜란드풍으로 지어진 이 집을 3만 1,500달러에 매입해 지금까지 거주하고 있다.

워렌 버핏은 이 집으로 투자자를 초청해 투자 설명회를 가졌고, 투자 사무실로도 사용했다. 워렌 버핏이 자택의 거실에서 손님들에게 투자의 원리를 설명하면, 부인 수잔은 조용히 주방을 오가며 이들에게 손수 만든 커피를 대접했다.

워렌 버핏은 하루 종일 서재에 틀어박혀 투자에만 몰두했다. 그는 책 한 권과 책을 읽을 수 있는 전구만 있으면 행복해 하는 그런 사람이었다. 그러나 남편으로서, 가장으로서의 역할은 뒷전이었다. 그런 남편을 수잔은 인내하고 북돋아 주었다. 워렌 버핏이 투자자를 모집하고 성공적인 투자 인생을 열어가는 데는 이처럼 수잔의 내조와 희생이 있었다.

1966년 워렌 버핏은 36세의 나이에 약 800만 달러의 재산을 가진 부자가 돼 있었다. 투자조합이 기대 이상의 성과를 거두었기 때문이다.

오마하에 있는 워렌 버핏의 자택.

수잔은 오래전부터 워렌 버핏에게 800만 달러를 벌면 가정에 충실하라고 요구했었다. 그러나 그에게 주식은 운명이었다. 워렌 버핏에게 주식 없는 인생은 상상할 수 없었다.

결혼 25주년이던 1977년, 결국 두 사람은 각자의 삶을 찾아 서로 떨어져 살기로 합의했다. 수잔은 가수의 꿈을 이루기 위해 샌프란시스코로 거주지를 옮겼다. 수잔은 심리학, 문학, 음악에 대한 감수성이 풍부한 여성이었다.

수잔은 이때 자신이 곁에 있지 않더라도 남편 워렌 버핏이 충분히 투자가로서의 삶을 성공적으로 열어갈 수 있을 것이라고 판단했던 것으로 보인다. 세 자녀는 이미 성장했고, 무엇보다도 워렌 버핏은 꿈에도 그리던 부자가 돼 있던 시기였다.

수잔은 2004년 7월 29일 와이오밍 주 코디에서 향년 72세로 세상을 떠났다. 그녀는 구강암 진단을 받고 수술과 투병생활을 했다. 시신은 화장됐다.

워렌 버핏은 현재 17세 연하인 두 번째 부인 애스트리드 맹크스와 살고 있다. 맹크스를 워렌 버핏에게 소개한 사람은 바로 수잔이었다. 맹크스는 1946년 독일에서 라트비아인 부모에게서 태어나 6세에 오마하로 이주했으며, 1976년 수잔이 공연했던 오마하의 한 카페에서 요리사 겸 소믈리에로 일한 적이 있다. 소믈리에란 포도주, 와인 등에 대해 전문 지식을 갖고 고객에게 추천하거나 서비스하는 사람을 말한다.

수잔은 1977년 샌프란시스코로 떠날 무렵 맹크스에게 "워렌 버핏을 돌보아 달라"고 부탁했다. 워렌 버핏이 여성의 보살핌 없이는 정상적으로 생활하기 어려울 것이라는 사실을 잘 알고 있었기 때문이었다. 언뜻 차가워 보이는 외모와 달리 동정심이 많았던 맹크스가 수잔의 부탁을 받고 워렌 버핏의 자택을 방문했을 때 그는 폐인이나 다름없었다. 그는 샌프란시스코에 있는 수잔에게 전화해 "돌아와 달라"며 울먹였다. 수잔에 대해 자책감을 느꼈던 듯하다. 워렌 버핏은 "수잔을 샌프란시스코로 떠나게 한 것은 내 평생 가장 큰 실수"라고 회고한 적이 있다. 수잔이 샌프란시스코로 떠난 1년 후인 1978년부터 맹크스는 워렌 버핏과 함께 지냈고 결혼식은 2006년에 조촐하게 치렀다.

버크셔 해더웨이의 기업문화를 이끌어 갈 장남 하워드 버핏

가치투자자는 오래 사는 편인 것 같다.

워렌 버핏의 평생 동반자 찰스 멍거는 올해(2009년 현재) 85세의 나이가 믿기지 않을 만큼 건강한 모습을 보여 주고 있다. 2007년 5월 오마하에서 열린 버크셔 해더웨이 주주총회에서 찰스 멍거는 5시간 넘게 꼬박 워렌 버핏과 나란히 앉아 주주들의 질문에 위트와 통찰력이 넘치는 답변을 해 주었다.

1950년대 그레이엄 뉴먼에서 워렌 버핏과 같이 일했던 월터 슐로스는 1916년생으로 올해 나이가 93세이다. 그는 2003년 87세가 돼서야 투자계에서 은퇴했고 지금도 건강하게 지내고 있다.

이미 세상을 떠난 가치투자자들도 장수하는 경우가 대부분이었다. 가치투자의 창시자이자 워렌 버핏의 스승인 벤저민 그레이엄도 82세의 자연 수명을 누렸고, 워렌 버핏과 컬럼비아 비즈니스 스쿨에서 그레이엄의 강의를 들었던 빌 루엔은 79세까지 장수했다.

가치투자자는 왜 오래 사는가?

가치투자가 낙관주의와 관련이 있지 않나 싶다. 가치투자는 인류와 기업이 잠시 위기를 겪을 수는 있지만 언젠가는 극복하고 발전한다는 믿음을 갖고 있다. 이런 믿음이 없으면 가치투자는 존재할 수가 없다.

이 점에서 워렌 버핏의 올해의 나이가 79세이지만 은퇴를 말하기에는 이르다는 말이 설득력을 얻는다. 그는 5년 후를 은퇴 시점이라고 못 박고 있다.

그럼에도 워렌 버핏에게 혹시 유고가 생겼을 경우 버크셔 해더웨이의 후계 체제가 어떻게 될 것인지를 걱정하는 의견이 없지 않다.

그간의 보도를 종합하면 워렌 버핏의 은퇴 이후 버크셔 해더웨이는 회장(chairman), 자본 배정 담당 최고경영자, 자회사 운영 담당 최고경영자, 이렇게 3인이 이끌어 나갈 것으로 예상되고 있다. 워렌 버핏이 혼자 했던 일을 세 사람이 나누어 집행하는 셈이다.

이때 회장을 맡을 인물로 워렌 버핏의 장남 하워드 그레이엄 버핏(Howard Graham Buffet)이 거론되고 있다. 워렌 버핏은 자신에게 갑작스런 일이 생기면 장남 하워드 버핏이 버크셔 해더웨이 회장직을 물려받을 것이라고 언급한 적이 있다.

"내 건강은 아주 양호하지만 만일의 경우 내 자리를 하워드가 맡을 것이다. 그럴 경우 하워드는 회장직을 맡되, 경영 일선에 직접 나서지는 않을 것이다. 나는 버크셔 해더웨이와 그 기업문화가 지속되기를 바란다."17)

하워드 버핏은 버크셔 해더웨이에 깊숙이 스며들어 있는 버핏 가문의 분위기와 문화, 전통을 이끌어나갈 것으로 예상된다(자본 배정 담당 CEO는 버크셔 해더웨이 자회사인 가이코 자동차 보험의 루이스 심슨(Louis Simpson)이 거론되고 있지만 의외의 인물이 선정될 가능성도 있다. 버크셔 해더웨이는 2007년 사업보고서를 통해 버크셔 해더웨이의 자본을 담당할 후계자를 찾고 있다고 밝혔다. 자회사 운영 담당 CEO가 누가 될지도 아직 밝혀지지 않고 있다. 수많은 사람이 지원해 현재 테스트가 진행되고 있다). 그러나 하워드는 버크셔 해더웨이 회장직을 맡되 경영에 참여하지는 않을 것으로 예상된다.

워렌 버핏에게는 수지(1953. 7. 30), 하워드(1954. 12. 16), 피터(1958. 5. 4)의 2남 1녀가 있는데, 그중 큰아들 하워드가 아버지와 가장 매끄러운 관계를 유지하고 있는 것으로 보인다.

그러나 이것은 일반기업의 오너가 자녀에게 기업을 물려주는 것과는 성격이 다르다. 워렌 버핏은 자녀에게 돈을 남길 계획이 없음을 지속적으로 언급해 왔다.

"제시 오웬스(미국의 육상 부문 올림픽 금메달리스트)의 공로를 인정해 그의 자식을 100미터 경주에서 50미터 앞서 출발하게 해 준다고 해서 그 자식이 성공할 수 있는 것은 아니다."

그는 자신의 사후에 재산의 대부분을 '빌&멜린다 게이츠 재단'를 비롯한 재단들에 기증할 것이라고 약속한 상태이다.

둘째 아들이자 막내인 피터 버핏은 아버지와 매끄럽지 않은 관계를 유지하고 있다는 사실이 여러 인터뷰를 통해 드러나고 있다. 피터는 아버지에게 돈을 빌려 달라고 부탁했다가 거절당한 적이 있다. 1989년 밀워키로 거처를 옮길 때 아버지에게 돈을 빌려 달라고 부탁했는데, 워렌 버핏은 간단명료한 이유를 들어 거절했다.

"나는 우리 관계가 끝까지 깔끔했으면 한다. 일단 한번 돈이 개입되면 (관계가) 복잡해지기 마련이다."

세계 최고의 부자가 아들에게 얼마 되지 않는 금액을 빌려주지 않았다는 사실이 믿기지 않지만 사실이다. 이런 일을 겪은 때문인지 피터는 현재 가치로 환산해 약 5,000만 달러(약

500억 원)에 달하는 버크셔 해더웨이 주식을 매각한 지 오래다. 피터는 아티스트로 활동하고 있는데, 어머니 수잔의 영향을 받아 음악적 감수성이 뛰어나다. 피터의 전 부인 메리 버핏은 워렌 버핏의 투자법에 관련된 책을 여러 권 저술했다.

외동딸 수지는 아버지의 뜻에 순종하는 편이다. 수지는 버크셔 해더웨이 주주총회에서 상영되는 버크셔 해더웨이 회사 소개 동영상을 제작하는 일을 맡고 있다. 그러나 수지도 아버지의 인색함에 불평을 터뜨리곤 한다.

"(자식들에게 재산을 물려주지 않겠다는) 아버지의 방침 때문에 좌절감을 느끼는 것도 사실이다. 그러나 나는 기본적으로 아버지의 의견에 동의한다."

수지는 자신이 세계 최고 부자의 딸이면서도 금전적으로 어려움을 겪고 있다고 말하고 있다.

"언젠가 아버지와 함께 워싱턴에서 일을 보다가 주차장에서 주차료 20달러를 지불해야 했는데, 현금이 없었다. 아버지는 20달러를 그냥 주지 않았고 나에게 20달러짜리 수표를 쓰도록 했다. 미국의 최고 부자가 딸에게 20달러짜리 수표를 받은 후 현금을 건네주었다는 사실을 사람들은 이해하지 못할 것이다."

결국 워렌 버핏은 재산을 자녀에게 물려주지 않겠다는 생각이 확고한 것으로 보인다. 워렌 버핏의 이런 입장은 한국인이 보기에는 물론이고 미국인의 기준으로 보아도 특별하다. 기업의 대물림은 미국에서도 빈번하다. 미국 기업의 과반수가 가족 기업이다.

삶과 투자에 관한 워렌 버핏의 조언

좋아하고 잘할 수 있는 일을 하라

자신이 좋아하는 일을 직업과 연결시키는 것이 성공 비결이라는 사실을 누구나 한 번쯤 실감했을 것이다. 주위를 둘러보면 겉보기에는 성공한 인생인 것처럼 보이지만 내면의 갈등을 겪는 사람들이 적지 않다. 좋아하지도 않는 일을 억지로 하는 데서 빚어지는 불행인 경우가 적지 않다.

워렌 버핏은 이 사실을 누구 못지않게 깨닫고 있는 인물이다. 자신이 잘할 수 있고 즐겁게 할 수 있는 일에 뛰어들면 얼마나 위대한 성과를 거둘 수 있는지를 그는 자신의 인생을 통해 보여 주고 있다.

"행복이라면 분명히 정의할 수 있다. 내가 바로 그 표본이기 때문이다. 나는 일 년 내내 좋아하는 일만 한다. 좋아하는 일을 좋아하는 사람들과 함께 할 뿐, 내 속을 뒤집어 놓는 사람들과는 관계할 필요조차 없다. 일을 하면서 유일하게 싫은 것이 있다면 3, 4년에 한 번씩 누군가를 해고해야 한다는 사실이다. 그것만 빼면 문제될 게 없다. 나는 탭댄스를 추듯이 일터에 나가 열심히 일하다가, 가끔씩 의자에 등을 기댄 채 천장을 바라보며 그림을 그리곤 한다. 이것이 내가 행복을 느끼는 방식이다."[18]

"당신이 좋아하는 일을 하라. 돈이 아니라 당신이 좋아하고, 사랑할 수 있는 일을 하라. 그러면 돈은 저절로 들어온다."

워렌 버핏은 자신이 숫자에 재능이 있으며, 이 재능을 발휘할 수 있는 분야가 투자라는 사실을 잘 알고 있다.

워렌 버핏의 행운은 이런 재능을 북돋아 주는 환경에서 자랐다는 사실이다. 그는 1947년부터 1951년까지 펜실베이니아대에서 수학, 통계학을 전공했고 3학년 때 고향 오마하의 네브래스카대학의 링컨 경영대에 편입해 1950년 졸업과 함께 학위를 받았다. 대학에서 투자의 기본이 되는 숫자에 관련된 과목과 경영학을 섭렵한 것이다.

또 아버지 하워드 버핏이 증권인이었기 때문에 유년 시절부터 주식과 가까워질 수 있었다. 8세에 아버지 서가에 있던 증권 서적을 탐독했고 11세에 주식 투자를 했다. 그는 대학에 진학하기 전에 오마하의 도서관에 있는 경제·경영·증권 서적을 모두 섭렵했다고 고백하고 있다.

그의 삶의 궤적을 추적해 보면 더 많은 행운이 이어지고 있음을 알 수 있다. 그는 당대 최고의 가치투자자인 벤저민 그레이엄으로부터 가치투자의 원리를 직접 전수 받았다.

앞서 언급한 대로 워렌 버핏은 월스트리트에 사무실을 둔 '그레이엄 뉴먼'에서 2년간 스승인 벤저민 그레이엄과 함께 일하며 투자 경험을 쌓았다. 스승 그레이엄이 실제로 주식을 어떻게 고르는지, 투자회사를 어떻게 운영하는지를 체험했던 것이다.

워렌 버핏은 이론적으로도 완벽하게 준비된 상태였다. 그는 컬럼비아 비즈니스 스쿨에서 투자 지식과 이론을 습득했다. 1951년 컬럼비아 비즈니스 스쿨을 졸업하면서 거둔 성적은 이 대학원의 역사상 가장 뛰어난 기록으로 남아있다. 스승인 그레이엄이 가르쳤던 과목에서 모두 최고 성적인 A+를 받았던 것이다. 컬럼비아 비즈니스 스쿨 총장을 지낸 존 버튼은 "워렌 버핏은 수학적 재능을 타고난 학생이었으며 경제적 가치를 감지해 내는 능력이 탁월했다"고 회고하고 있다.

이 정도면 실패하기도 어려운 조건에서 실전 투자에 나섰다고 할 수 있다. 투자 관련 서적을 몇 권 대충 읽고 어설픈 투자 지식을 가진 상태에서 투자에 나섰다가 뼈아픈 시행착오를 겪는 대개의 투자자와는 출발이 다른 것이다. 투자의 세계에서는 준비가 완벽하다면 실패 없는 성공이 가능하다는 사실을 암시하는 대목이다.

내가 좋아하고 잘하는 것은 무엇인가. 나의 재능을 발휘할 수 있는 직업은 무엇인가. 재능과 직업을 연결시키기 위해 나는 앞으로 무엇을 해야 하는가.

성공 인생을 위해서는 이런 질문을 스스로에게 던져 보고 답을 찾아가는 시간이 필요하다.

가치투자란 무엇인가

가치투자란 100원짜리 물건을 40원에 사는 것

해외의 가치투자자들을 살펴보면서 가장 부러운 것은 수십 년에 걸친 수익률 기록이다. 예를 들어 버크셔 해더웨이 사업보고서를 펼치면 가장 먼저 나오는 것이 이 회사의 주당 장부가치(Per-share Book value)와 S&P500지수 상승률을 비교한 표이다. 이 표의 출발 연도는 1965년으로 무려 44년 전으로 거슬러 올라간다. 또 워렌 버핏은 버크셔 해더웨이 이전에 운영했던 버핏 투자조합의 수익률을 보여 주는 표도 가지고 있다. 이 표의 시작 연도는 1957년으로 자그마치 반세기 전이다.

지금의 20·30대가 태어나기도 전부터 가치투자가 이루어낸 장대한 성취의 역사를 워렌 버핏은 보여 주고 있는 것이다. 이렇게 딱 부러지는 증거가 있기 때문에 그의 말 한 마디 한 마디가 투자자들에게 먹힐 수밖에 없다.

그런데 한국의 주식시장에서는 이런 표가 아직 나오지 않고 있다. 한국의 가치투자의 역사는 아무리 길게 잡아도 약 20년이다. 한국의 주식시장이 외국인에게 개방된 1992년을 기준으로 한다면 한국의 가치투자의 역사는 20년이 조금 못 되고, 전자공시 시스템이 도입된 1999년을 기준으로 하면 그 역사는 이제 겨우 10년이다.

그러다 보니 가치투자를 둘러싸고 참으로 많은 논쟁이 벌어지고 오해가 생기고 있다. 2008년의 증시 대폭락으로 가치투자를 지향하는 펀드가 큰 손실을 입은 것도 원인이다.

이 글을 읽는 독자는 가치투자가 뭐라고 생각하는가? 아니, 주식 투자란 뭐라고 생각하는가? 가치투자의 효용성을 의심하고 있지는 않은가? 만약 그렇다면 대충 이런 이유일 것이다.

"가치투자는 워렌 버핏 정도가 돼야 가능한 투자법이다. 개인 투자자는 절대 따라 할 수 없다."

"여기는 한국이다. 한국의 주식시장에서 가치투자로 돈을 번 개인 투자자를 본 적이 없다."

"가치투자가 효용성이 있기는 하지만 이것만으로는 충분하지 않다. 가치투자와 기술적 분석을 결합하면 몇 배의 성과를 낼 수 있다."

하나씩 따져 보자. 가치투자는 100원짜리 물건을 40원에 사는 투자법이다. 이를 워렌 버핏은 "1달러 지폐를 40센트에 사는 것"[19]이라고 설명하고 있다. 100원의 가치를 가진 물건이 어떻게 40원에 시장에 나와 있을 수 있는가.

시장이 비효율적이기 때문이다. 주식시장은 군중심리, 인간의 광기와 탐욕이 영향을 미치는 공간이다. 어느 기업의 어제 주가와 오늘 주가가 똑같지 않다는 사실이 이를 증명한다. 시장에서 가격(주가)은 비이성적으로 결정되는 경우가 아주 흔하다. 그러나 길게 보면 기업의 주가는 기업의 내재가치에 수렴해 간다. 이때 주식시장에서 어느 기업의 주가가 해당 기업의 내재가치보다 낮게 거래되는 주식이 있다면 매입했다가 가격(주가)이 가치에 수렴하기를 기다리는 것이 가치투자의 원리다. 이 간단한 사실이 투자자들에게 쉽게 받아들여지지 않는다는 것은 워렌 버핏에게 의아한 일이었다.

"나는 1달러 지폐를 40센트에 산다는 개념이 몇몇 사람들에게는 즉시 받아들여지는 반면, 다른 사람들에게는 전혀 받아들여지지 않는다는 사실이 의아하다. 이것은 예방접종과 유사하다. 만약 이것이 어떤 사람을 즉시 매료시키지 못한다면, 아무리 그에게 수년 동안 설명을 하고 기록들을 보여 주고 해도 그를 변화시키지 못한다. 이 개념이 단순함에도 불구하고 어떤 사람들은 이를 받아들이려 하지 않는 것 같다. 릭 게린 같은 친구는 정식 경영학 교육을 전혀 받지 않았는데도 즉시 가치를 이용한 투자기법을 이해하고 단 5분 만에 이것을 응용하기 시작했다. 나는 지금까지 어느 누구도 10년 동안 조금씩

이러한 방식으로 변해가는 것을 보지 못했다. 그것은 IQ나 교육의 문제가 아닌 것 같다. 이것은 순간적인 인식일 뿐이다.

스탠 펄미터(Stan Perlmeter)는 미시건대학에서 예술을 전공했으며 광고 대행사에서 일했다. 우리는 우연히도 오마하의 같은 빌딩에 있었다. 1965년에 그는 내가 그보다 더 괜찮은 사업을 한다고 생각하고 광고업계를 떠났다. 그 역시 가치 접근법을 받아들이는 데는 5분밖에 걸리지 않았다."[20]

가치투자를 받아 들였다면 다음으로 해야 할 일은 기업의 가치와 적정 주가를 평가하는 능력을 갖추는 일이다. 기업이 실제로 얼마의 가치를 갖고 있는지를 파악해야 시장에서 거래되는 해당 기업의 가격이 싼지 비싼지를 알 수 있고, 주식을 매입해야 하는지 그렇지 않은지를 결정할 수 있다.

기업의 내재가치는 어떻게 구하는가. 워렌 버핏은 기업의 내재가치란 "해당 기업(비즈니스)이 향후에 벌어들일 수 있는 현금을 현재가치로 할인한 값"이라고 밝히고 있다. 이것을 절대적 평가법이라고 한다.

예를 들어 어느 기업이 해마다 1억 원씩의 현금을 벌어들인다면 이 기업의 내재가치는 약 16억 6,600만원이 된다. 요즘 시중 은행 이자율 6퍼센트를 할인율(discount rate)로 가정했을 경우다.[21] 다시 말해 서울의 어느 가게가 10억 원에 매물로 나왔는데, 이 가게가 해마다 1억 원의 현금을 벌어들이고 있다면 가게를 매입할 만하다고 볼 수 있다.

그런데 실제로 이런 식으로 기업의 내재가치를 계산해 본

투자자라면 이 방식이 매우 주관적이고 이상적인 수준에 머무른다는 사실을 알 수 있을 것이다.

할인율을 얼마로 해야 할지, 미래 수익이 얼마가 될지를 추정해야 하는데, 우리가 세상을 살아가다 보면 실감하는 일이지만 추정이란 것이 불확실하고 빗나가는 경우가 적지 않다. 절대적 평가법의 하나인 현금흐름할인법(DCF, Discounted Cash Flow)에 대해 불만이 제기되고 있는 이유가 여기에 있다.

워렌 버핏도 이 점을 알고 있었는지 내재가치 계산법에 대해 부연설명을 하고 있다. 그는 "내재가치를 계산하다 보면 매우 주관적인 값을 구하게 되는데, 이는 미래의 현금흐름의 추정치가 변하고 이자율이 변하기 때문"이라고 밝히고 있다. 그러나 그는 "그럼에도 내재가치는 비즈니스에 투자하는 것이 얼마나 매력적인지를 평가하는 데 절대적으로 중요하다"고 강조하고 있다.

또, 절대적 평가법은 수익을 창출하지 못하고 있는 기업의 가치는 평가할 수 없다는 한계가 있다. 주식시장을 둘러보면 수익을 내지는 못하지만 자산을 풍부하게 보유하고 있어 주가 상승을 유도하는 것을 볼 수 있다. 워렌 버핏은 자산가치에 근거해 투자를 하지 않기 때문에 이런 문제가 생기는 것이다. 절대적 평가법의 이런 한계를 보완하기 위해 생겨난 방법이 상대적 평가법이다.

상대적 평가법이란 주가수익비율(PER, price earnings ratio), 주가매출액비율(PSR, price sales ratio), 주당순이익(EPS, earnings per share), 시가총액(Market Capitalization), 주당순자산(PBR, price book-value ratio), EV/EBITDA 등을 이용해 기업의 가치와 적정 주가를 따져보는 것이다. 또 PER에 몇 배를 곱한다든가 하는 변형된 방식이 쓰이기도 한다.

이들 평가법도 나름의 장단점을 갖고 있다. 몇 가지만 따져보자.

먼저, PER[22]은 투자자들에게 가장 널리 알려진 상대적 평가법이다. PER의 장점은 개념이 명확하고, 주가에 가장 큰 영향을 미치는 순이익을 감안하고 있다는 것을 들 수 있다. PER이 낮은 주식을 매입해 보유하는 저(低)PER전략은 수익률이 높다는 미국에서의 연구 결과도 있다. 그런데 PER을 이용한 평가법은 기업이 순이익을 조작할 경우 가치가 왜곡될 수 있다는 한계를 갖고 있다. 기업은 분식회계가 아니더라도 일반적으로 인정되는 회계원칙의 범위 안에서 상당한 수준으로 순이익을 조정할 수 있다. 실제로 기업분석을 하다 보면 PER이 당초 의미를 상실할 정도로 왜곡이 심각하다는 사실을 확인할 수 있다. 또 PER은 10~15배 정도로 높을 경우가 오히려 매입시기인 경우도 있다. 다시 말해 PER이 의미하는 바를 해석할 수 있는 능력과 지식이 필요하다.

다음으로 PSR[23]은 분모에 당기순이익 대신에 기업이 조작하기 쉽지 않은 매출액을 사용한다는 점에서 PER의 대안일 수 있다. 필립 피셔의 아들인 켄 피셔가 고안했다. PSR은 이익은 나지 않으면서 매출액을 급격히 늘려 가는 초기 성장 기업의 평가에 적합하다. 그런데 PSR을 일반기업의 가치 평가에 적용하면 적자기업을 우량기업으로 평가하는 함정에 빠질 수 있다.

PBR[24]도 꽤 알려진 평가법이다. PBR은 기업이 보유하고 있는 순자산(자산 총계-부채 총계)을 기준으로 한다는 점에서 잃지 않는 투자에 적합한 보수적 평가법이다. 순자산의 대부분이 현금 혹은 유가증권인 금융회사의 기업 가치와 주가를 파악할 때 아주 유용하며, 이익 흐름이 불안정할 때 적용할 수 있다. 그런데 PBR은 현대사회에 들어올수록 경영혁신 등으로 기업의 보유 자산(순자산)과 생산성(순이익)이 비례하지 않자 유용성이 떨어지는 경향이 있다. 예를 들어 NHN 같은 첨단 인터넷 기업을 PBR로 평가한다면 큰 오류에 빠질 것이다.

결국 오류 없는 완벽한 평가법은 없다는 사실을 알 수 있는데, 기업 가치 평가를 정확하게 하기 위해서는 해당 기업에 적합한 평가법이 무엇인지를 알아내고 한계가 무엇인지를 따져보는 게 중요하다.

기업의 가치 평가를 마쳤다면 안전마진(margin of safety)을 고려해야 한다. 안전마진이란 기업의 내재가치와 시가총액의 차이 혹은 적정 주가와 주식시장에서의 주가와의 차이다. 워렌 버핏은 안전마진이 중요한 이유를 다음과 같이 설명하고 있다.

"여러분은 사업의 내재가치를 대략적으로 평가할 수 있는 능력과 지식을 가져야만 한다. 하지만 정확할 필요는 없다. 벤 그레이엄의 안전마진이 갖는 의미가 바로 이것이다. 8,300만 달러짜리 사업을 8,000만 달러에 사려고 하지 마라. 충분한 안전마진을 가져라. 다리를 건설할 때 건축가는 기껏 1만 파운드의 차량이 지나갈 것임에도 불구하고 3만 파운드의 하중을 견디도록 설계한다. 투자에서도 마찬가지다."[25]

투자 지식은 누구나 쌓을 수 있다

이쯤 읽다가 주식 투자를 고려하는 분이라면 도대체 어느 정도의 투자 지식이 필요한지 걱정이 들 것이다. 경영학이나 회계를 전공하지 않았다면 주식 투자를 하지 말아야 하는가.

이 문제에 대해서도 워렌 버핏은 월터 슐로스(Walter Schloss)라는 투자의 대가를 인용하며 해답의 실마리를 제시하고 있다. 워렌 버핏은 1950년대 중반 '그레이엄 뉴먼'에서 슐로스와 함께 일했다.

슐로스는 1955년 투자자를 모집해 투자조합을 설립, 이후 50여 년간 비용을 공제하고 16퍼센트의 연평균 수익률을 거둔 인물이다. 비용을 공제하지 않은 투자조합의 연평균 수익률은 21퍼센트에 달한다. 슐로스는 대학을 다닌 적이 없고 정식으로 경영학을 공부해 본 적이 없으면서 이런 기록을 만들어 냈다. 슐로스는 1916년 뉴욕의 어려운 가정에서 태어나 대학 교육을 받지 못했다. 그는 18세에 돈을 벌기 위해 월스트리트에서 사무 보조원으로 일하면서 투자의 세계에 입문했다.

슐로스는 월스트리트의 매니저들이 투자 업무를 하는 것에 자극받아 벤저민 그레이엄이 뉴욕증권거래소(NYSE)에 야간 강좌로 개설한 투자 강좌에 다니며 투자 지식을 쌓았다. 훗날 골드만삭스 회장이 된 거스 레비가 슐로스와 함께 그레이엄의 강좌를 수강했다. 그는 제2차 세계대전이 발발하자 미 육군으로 4년간 참전해 돈을 모았고 다시 월스트리트로 돌아왔다.

이런 노력으로 그는 그레이엄이 운영하는 그레이엄 뉴먼에서 일자리를 얻을 수 있었다. 슐로스는 이 회사에서 워렌 버핏과 함께 일했다.

1955년 그레이엄이 '그레이엄 뉴먼'의 문을 닫기 1년 전에 슐로스는 투자자 19명으로부터 10만 달러를 모집해 투자조합을 만들고 투자에 나섰다. 그는 운용보수를 받지 않았으며 수익의 25퍼센트만을 받기로 계약을 맺었다. 그는 수익을 내지 않았는데도 투자자로부터 돈을 받는 것은 양심적이지 않다는 생각을 갖고 있었다.

운용보수가 없다 보니 그는 연구원도 비서도 없이 혼자 골방이나 다름없는 허름한 맨해튼의 사무실에서 자금을 운용했다. 돈이 낭비되지 않도록 아끼고 아낀 것이다. 슐로스의 부인 안나는 "남편은 집으로 돌아와서도 저녁이면 방을 돌아다니며 불이 꺼졌는지를 확인했다"고 회고하고 있다.

슐로스는 이후 50여 년간 비용을 공제하고 16퍼센트의 연평균 수익률을 기록했다. 같은 기간 S&P500지수 상승률은 10퍼센트였다. 투자조합의 전체 연평균 수익률은 21퍼센트였다. 이 기간에 그를 엄습한 17차례의 불황과 경기침체를 이겨내고 이룩한 기록이었다. 1960년에는 S&P500지수 상승률이 0.5퍼센트에 불과했지만 슐로스는 비용을 공제하고 7퍼센트의 수익을 투자자에게 돌려주었다.

「월스트리트저널」은 2008년 11월 슐로스를 다룬 특집에서 "슐로스가 17번의 경기침체와 불황을 이겨내고 놀라운 수익을 거둔 이유는 오로지 내재가치에 비해 저평가된 주식을 고르는 일에만 집중했기 때문"이라고 밝히고 있다. 이 신문은 "슐로스는 지금도 컴퓨터를 가져 본 적이 없으며 우편으로 배달되는 기업 정보를 직접 뒤지면서 주식을 고르고 있다"고 밝히고 있다.

슐로스는 2003년에 다른 사람의 돈을 관리하는 업무를 그만두었고 지금은 자신의 돈만을 관리하고 있다. 그는 지금은 억만장자이다. 올해 나이 93세지만 아직도 주식을 고르는 일에 열정을 쏟고 있다.

워렌 버핏은 슐로스를 이렇게 평가하고 있다.

"슐로스는 다른 사람들의 돈을 다루고 있다는 것을 잊지 않는다. 그리고 이것은 손실에 대한 거부감을 더욱 강하게 만든다. 그는 매우 성실하며 자신에 대한 현실적인 상(象)을 가지고 있다. 돈은 그에게 현실이며 주식 또한 현실이다. 그리고 이 때문에 안전마진 원칙에 매력을 느끼고 있다."

슐로스는 워렌 버핏과 달리 수백 종의 주식으로 이루어진 분산투자를 하고 있는데, 이는 슐로스가 자산가치에 근거한 투자를 하고 있는 것과 관련이 있어 보인다. 슐로스는 기업의 대차대조표를 뒤져 주식이 장부가치 대비 저평가돼 있다고 판단하면 투자의 근거로 삼는 방법을 즐겨 사용하고 있다.

자산가치는 평가를 명확하게 할 수 있다는 장점이 있으며, 자산가치를 기준으로 하면 보유 주식수가 늘어나는 경향이 있다. 이는 워렌 버핏이 수익가치에 근거한 투자를 하고 있으며 소수의 종목을 대량으로 소유하고 있는 것과 대별된다.

그러나 슐로스이건 워렌 버핏이건 가치 대비 저평가된 주식을 찾는다는 점에서는 다를 바 없다.

"월터는 극도의 분산투자를 하고 있으며 100종 이상의 주식을 소유하고 있다. 그는 가치에 비해 상당히 저평가된 주식들을 찾아내는 능력을 갖고 있다. 그리고 이것이 그가 하는 전부이다. 그는 주식을 살 때, 그날이 월요일인지 혹은 1월인지, 선거가 있는 해인지는 신경 쓰지 않는다. 그는 단순히 1달러의 가치가 있는 사업을 40센트에 샀다면 좋은 결과가 있을 것이라고 생각할 뿐이다. 그리고 그는 계속해서 이 일을 반복하고 있다. 그는 나보다 훨씬 다양한 주식을 가지고 있으며 사업의 본질에 대한 관심도 더 적은 것 같다. 내가 월터에게 영향을 끼치지는 못하고 있다는 것 같다. 이것이 그의 강점 중 하나이다. 아무도 그에게 많은 영향을 끼치지 못한다."

현명한 투자자의 현명한 투자법을 받아들여라. 주식 투자에서 모른다는 것은 나쁜 것이다. 그런데 더 나쁜 것은 잘못된 지식을 갖고 있는 것이다. 가치투자의 개념을 받아들이고, 주식을 평가할 수 있는 투자 지식을 습득하고, 주식을 매입하기 전에 안전마진을 고려하는 것이 성공 투자의 지름길이다.

주

1) 워렌 버핏은 2008년 「포브스」에 의해 세계 최고 부자에 선정됐다. 포브스가 평가한 워렌 버핏의 재산은 620억 달러였다. 빌 게이츠 마이크로소프트 회장은 3위로 재산은 580억 달러였다.
2) 버크셔 해더웨이는 S&P500지수나 다우지수(다우평균산업지수)에 포함되지 않고 있는데, 가장 큰 이유는 주식 거래 회수가 극히 낮아 주식의 환금성이 없다고 여겨지기 때문이다.
3) 앤드류 킬패트릭, 안진환·김기준 옮김, 『워렌 버핏 평전 1·2』, 윌북, 2008.
4) 8달러×26일=208달러, 208달러×12개월=2,496달러. 2,496달러/0.1=24,960달러. 할인율 10퍼센트를 가정했을 경우이다.
5) 1984년 워렌 버핏이 컬럼비아대에서 행한 '그레이엄 도드 마을의 위대한 투자자들'이라는 제목의 강연 일부이다. 이 강연은 벤저민 그레이엄과 데이비드 도드가 함께 쓴 『증권 분석』 출간 50주년 기념회에서 행해졌다.
6) 「포천」, 2005.3.21.
7) 앤드류 킬패트릭, 안진환·김기준 옮김, 『워렌 버핏 평전 1·2』, 윌북, 2008, 537쪽.
8) 버핏 어소시에츠의 투자자 7명은 다음과 같다. 찰스 피터슨 5,000달러(친구), 엘리자베스 피터슨 2만 5,000달러(찰스의 어머니), 댄 모넨 5,000달러(변호사, 워렌 버핏의 친구), 도리스 우드 5,000달러(워렌 버핏의 누나), 트루먼 우드 5,000달러(워렌 버핏의 매부), 윌리엄 톰슨 2만 5,000달러(워렌 버핏의 장인), 엘리스 버핏 3만 5,000달러(워렌 버핏의 고모).
9) 빌 루엔은 1951년 워렌 버핏과 함께 컬럼비아 비즈니스 스쿨에서 그레이엄의 증권 분석 강의를 들었다. 워렌 버핏보다 5살이 많은 빌 루엔은 하버드 비즈니스 스쿨을 졸업했으나 투자 지식을 확고히 할 필요성을 느끼고 컬럼비아 비즈니스 스쿨에서 강의를 들었다. 그가 운영한 세쿼이어 펀드는 1970년부터 2005년대까지 연평균 수익률 15.73퍼센트를 기록했다. 이 기간의 S&P500지수 상승률은 11.77퍼센트였다.

10) 1984, 1986, 1887, 1990, 1996, 1999, 2003, 2005, 2006.

11) 다우지수에 포함된 30여 개 종목 가운데 배당수익률이 높은 상위 10개 종목으로 해마다 투자 포트폴리오를 유지하는 투자 전략을 말한다. 오쇼너시는 1928~2003년의 미국 주식시장의 통계와 자료를 바탕으로 미국의 투자자가 '다우의 개' 전략을 사용하면 S&P500지수를 지속적으로 능가할 수 있다고 결론지었다.

12) 워렌 버핏, '주주에게 보내는 편지', 1987년.

13) 일부에서는 찰리 멍거(Charlie Munger)라고 표기하지만, 책에는 Charles T. Munger 라고 표기돼 있다. 찰리(Charlie)는 찰스(Charles)의 애칭이다.

14) 패리 뮤추얼 베팅이란 경마에 이긴 말에 돈을 건 사람에게 수수료를 제하고 건 돈 전부를 나누어 주는 방식을 말한다.

15) 『워렌 버핏 평전』에는 수잔이 워렌 버핏의 누나 도리스의 대학기숙사 룸메이트로 나오는데, 여러 정황으로 보아 워렌 버핏의 여동생 베티(로버타 버핏 비아렉의 애칭)의 룸메이트인 것으로 보인다.

16) 앤드류 킬패트릭, 안진환·김기준 옮김, 『워렌 버핏 평전 1·2』, 윌북, 2008.

17) 「뉴욕타임스」, 2000.9.3.

18) 워렌 버핏·빌 게이츠, 김광수 옮김, 『워렌 버핏 & 빌 게이츠 성공을 말하다』, 윌북, 2004.

19) 워렌 버핏, 「The Superinvestorsof Graham-and-Doddsville(그레이엄 도드 마을의 위대한 투자자들)」, *The Intelligent Investor: A book of Practical Counsel*, Harper & Row, 1984.

20) 워렌 버핏, 「The Superinvestorsof Graham-and-Doddsville(그레이엄 도드 마을의 위대한 투자자들)」, *The Intelligent Investor: A book of Practical Counsel*, Harper & Row, 1984.

21) 100,000,000/0.06=1,666,666,666

22) PER=시가총액/당기순이익=주가/주당 순이익

23) PSR=시가총액/매출액

24) PBR=(자산 총계-부채 총계)/시가총액=순자산/(주가×유통주식수)

25) 워렌 버핏, 「The Superinvestorsof Graham-and-Doddsville(그레이엄 도드 마을의 위대한 투자자들)」, *The Intelligent Investor: A book of Practical Counsel*, Harper & Row, 1984.

워렌 버핏

펴낸날 초판 1쇄 2009년 1월 30일
초판 5쇄 2014년 12월 10일

지은이 이민주
펴낸이 심만수
펴낸곳 (주)살림출판사
출판등록 1989년 11월 1일 제9-210호

주소 경기도 파주시 광인사길 30
전화 031-955-1350 팩스 031-624-1356
기획 · 편집 031-955-4671
홈페이지 http://www.sallimbooks.com
이메일 book@sallimbooks.com

ISBN 978-89-522-1082-1 04080

※ 값은 뒤표지에 있습니다.
※ 잘못 만들어진 책은 구입하신 서점에서 바꾸어 드립니다.

122 모든 것을 고객중심으로 바꿔라 eBook

안상헌(국민연금관리공단 CS Leader)

고객중심의 서비스전략을 일상의 모든 부분에 적용해야 한다는 가르침을 주는 책. 나 이외의 모든 사람을 고객으로 보고 서비스가 살아야 우리도 산다는 평범한 진리의 힘을 느끼게 해 준다. 피뢰침의 원칙, 책임공감의 원칙, 감정통제의 원칙, 언어절제의 원칙, 역지사지의 원칙이 사람을 상대하는 5가지 기본 원칙으로 제시된다.

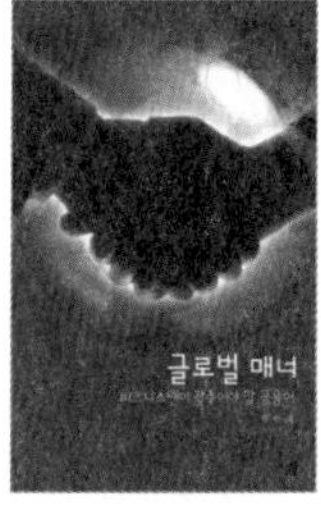

233 글로벌 매너

박한표(대전와인아카데미 원장)

매너는 에티켓과는 다르다. 에티켓이 인간관계를 원활하게 해주는 사회적 불문율로서의 규칙이라면, 매너는 일상생활 속에 에티켓을 적용하는 방식을 말한다. 삶을 잘 사는 방법인 매너의 의미를 설명하고, 글로벌 시대에 우리가 기본적으로 갖추어야 할 국제매너를 구체적으로 소개한 책. 삶의 예술이자 경쟁력인 매너의 핵심 내용을 소개한다.

350 스티브 잡스 eBook

김상훈(동아일보 기자)

스티브 잡스는 시기심과 자기과시, 성공에의 욕망으로 똘똘 뭉친 불완전한 사람이었다. 하지만 동시에 강철 같은 의지로 자신의 불완전함을 극복하고 사회에 가치 있는 일을 하고자 노력했던 위대한 정신의 소유자이기도 하다. 이 책은 스티브 잡스의 삶을 통해 불완전한 우리 자신에 내재된 위대한 본성을 찾아내고자 한다.

352 워렌 버핏 eBook

이민주(한국투자연구소 버핏연구소 소장)

'오마하의 현인'이라고 불리는 워렌 버핏. 그는 일찌감치 자신의 투자 기준을 마련한 후, 금융 일번지 월스트리트가 아닌 자신의 고향 오마하로 와서 본격적인 투자사업을 시작한다. 그의 성공은 성공하는 투자의 출발점은 결국 자기 자신이라는 점을 보여 준다. 워렌 버핏의 삶을 통해 세계 최고의 부자는 어떻게 만들어지는가를 살펴보자.

145 패션과 명품

eBook

이재진(패션 칼럼니스트)

패션 산업과 명품에 대한 이해를 돕는 책. 샤넬, 크리스찬 디올, 아르마니, 베르사체, 버버리, 휴고보스 등 브랜드의 탄생 배경과 명품으로 불리는 까닭을 알려 준다. 이 밖에도 이 책은 사람들이 명품을 찾는 심리는 무엇인지, 유명 브랜드들이 어떤 컨셉과 마케팅 전략을 취하는지 등을 살펴본다.

434 치즈 이야기

eBook

박승용(천안연암대 축산계열 교수)

우리 식문화 속에 다채롭게 자리 잡고 있는 치즈를 여러 각도에서 살펴 본 작은 '치즈 사전'이다. 치즈를 고르고 먹는 데 필요한 아기자기한 상식에서부터 나라별 대표 치즈 소개, 치즈에 대한 오해와 진실, 와인에 어울리는 치즈 선별법까지, 치즈를 이해하는 데 필요한 지식과 정보가 골고루 녹아들었다.

435 면 이야기

eBook

김한송(요리사)

면(국수)은 세계 각국으로 퍼져 나가면서 제각기 다른 형태로 조리법이 바뀌고 각 지역 특유의 색깔이 결합하면서 독특한 문화 형태로 발전했다. 칼국수를 사랑한 대통령에서부터 파스타의 기하학까지, 크고 작은 에피소드에 귀 기울이는 동안 독자들은 면의 또 다른 매력을 발견할 수 있을 것이다.

436 막걸리 이야기

eBook

정은숙(기행작가)

우리 땅 곳곳의 유명 막걸리 양조장과 대폿집을 순례하며 그곳의 풍경과 냄새, 무엇보다 막걸리를 만들고 내오는 이들의 정(情)을 담아내기 위해 애쓴 흔적이 역력하다. 효모 연구가의 단단한 손끝에서 만들어지는 막걸리에서부터 대통령이 애호했던 막걸리, 지역 토박이 부부가 휘휘 저어 건네는 순박한 막걸리까지, 또 여기에 막걸리 제조법과 변천사, 대폿집의 역사까지 아우르고 있다.

253 프랑스 미식 기행

eBook

심순철(식품영양학과 강사)

프랑스의 각 지방 음식을 소개하면서 거기에 얽힌 역사적인 사실과 문화적인 배경을 재미있게 소개하고 있다. 누가 읽어도 프랑스 음식문화에 대해 어느 정도 이해할 수 있도록 복잡하지 않게, 이야기하듯 쓰인 것이 장점이다. 프랑스로 미식 여행을 떠나고자 하는 이에게 맛과 멋과 향이 어우러진 프랑스의 역사와 문화를 소개하는 책.

132 색의 유혹 색채심리와 컬러 마케팅

eBook

오수연(한국마케팅연구원 연구원)

색이 인간에게 미치는 영향과 이를 이용한 컬러 마케팅이 어떤 기법으로 발전했는가를 보여 준다. 색은 생리적 또는 심리적 면에서 사람들에게 많은 영향을 미친다. 컬러가 제품을 파는 시대'의 마케팅에서 주로 사용되는 6가지 대표색을 중심으로 컬러의 트렌드를 읽어 색이 가지는 이미지의 변화를 소개한다.

447 브랜드를 알면 자동차가 보인다

김흥식(「오토헤럴드」 편집장)

세계의 자동차 브랜드가 그 가치를 지니기까지의 역사, 그리고 이를 위해 땀 흘린 장인들에 관한 이야기. 무명의 자동차 레이서가 세계 최고의 자동차 브랜드를 일궈내고, 어머니를 향한 아들의 효심이 최강의 경쟁력을 자랑하는 자동차 브랜드로 이어지기까지의 짧지 않은 역사가 우리 눈에 익숙한 엠블럼과 함께 명쾌하게 정리됐다.

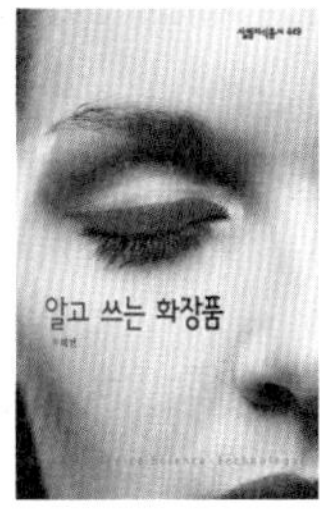

449 알고 쓰는 화장품

eBook

구희연(3020안티에이징연구소 이사)

화장품을 고르는 당신의 기준은 무엇인가? 우리는 음식을 고르듯 화장품 선택에 꼼꼼한 편인가? 이 책은 화장품 성분을 파악하는 법부터 화장품의 궁합까지 단순한 화장품 선별 가이드로써의 역할이 아니라 궁극적으로 당신의 '아름답고 건강한 피부'를 만들기 위한 지침서다.

eBook 표시가 되어있는 도서는 전자책으로 구매가 가능합니다.

069 성공학의 역사 | 정해윤 eBook
070 진정한 프로는 변화가 즐겁다 | 김학선 eBook
071 외국인 직접투자 | 송의달
082 미국의 거장들 | 김홍국 eBook
121 성공의 길은 내 안에 있다 | 이숙영 eBook
122 모든 것을 고객 중심으로 바꿔라 | 안상헌 eBook
132 색의 유혹 | 오수연 eBook
133 고객을 사로잡는 디자인 혁신 | 신언모
134 양주 이야기 | 김준철 eBook
145 패션과 명품 | 이재진 eBook
169 허브 이야기 | 조태동 · 송진희
170 프로레슬링 | 성민수 eBook
230 스포츠 마케팅의 세계 | 박찬혁
233 글로벌 매너 | 박한표
234 성공하는 중국 진출 가이드북 | 우수근
253 프랑스 미식 기행 | 심순철
254 음식 이야기 | 윤진아
260 와인, 어떻게 즐길까 | 김준철
307 농구의 탄생 | 손대범 eBook
325 맥주의 세계 | 원융희
348 월트 디즈니 | 김지영
349 빌 게이츠 | 김익현
350 스티브 잡스 | 김상훈
351 잭 웰치 | 하정필
352 워렌 버핏 | 이민주
353 조지 소로스 | 김성진
354 마쓰시타 고노스케 | 권혁기
355 도요타 | 이우광
372 미래를 예측하는 힘 | 최연구 eBook
404 핵심 중국어 간체자 | 김현정 eBook
413 성공을 이끄는 마케팅 법칙 | 추성엽 eBook
414 커피로 알아보는 마케팅 베이직 | 김민주
425 비주얼 머천다이징 & 디스플레이 디자인 | 강희수
426 호감의 법칙 | 김경호
432 중국차 이야기 | 조은아 eBook
433 디저트 이야기 | 안호기 eBook
434 치즈 이야기 | 박승용 eBook
435 면 이야기 | 김한송 eBook
436 막걸리 이야기 | 정은숙 eBook
445 명상이 경쟁력이다 | 김필수 eBook
447 브랜드를 알면 자동차가 보인다 | 김흥식 eBook
449 알고 쓰는 화장품 | 구희연 eBook

㈜살림출판사
www.sallimbooks.com
주소 경기도 파주시 문발동 522-1 | 전화 031-955-1350 | 팩스 031-955-1355